EXAMEN

DES

CRITIQUES

du Livre intitulé

DE L'ESPRIT.

R.

LONDRES.

M D C C L X.

AVERTISSEMENT.

LEs cris qui ont éclaté l'an paſſé contre le *Livre de l'Eſprit*, m'ont engagé à ſuivre les critiques qu'on a faites de cet ouvrage. Je l'avois lû d'abord avec le plaiſir que donnent des idées grandes & fortes, ſoutenuës d'un ſtile poëtique & majeſtueux. Il me paroiſſoit d'ailleurs dicté par une humanité profonde, & une bienveillance univerſelle, qui ne me laiſſoient pas ſoupçonner dans l'Auteur des intentions repréhen-

A 2   ſibles.

fibles. Cependant les accufations qu'on intentoit contre ce livre, devinrent publiques & fe multiplièrent. Leur force, & la réputation de quelques-uns des accufateurs, excitèrent les Chefs de l'Eglife, & foulevèrent même les Tribunaux fouverains. Tant de préfomptions réunies me mirent en défiance fur ce que j'avois penfé d'abord : mais comme mille circonftances, fouvent étrangères à la vérité, peuvent influer fur ces jugements, j'abandonnai mon opinion fans en prendre une nouvelle, & je réfolus de foumettre à la coupelle de l'examen la première impreffion que j'avois reçuë. Cette précaution

étoit

étoit d'autant plus nécessaire, que les accusations de matérialisme, d'athéisme &c. ne portent pas sur le seul *livre de l'Esprit* ; elles envelopent les ouvrages de la plus grande partie des Sçavans de France. Si l'on en croit les critiques, ces hommes fiers d'une science qui enyvre ont formé le complot d'anéantir la Religion sainte : une incrédulité tantôt masquée, tantôt ouverte, est l'ame de tous leurs écrits : ces nouveaux Encelades ne sçauroient être trop tôt frappés de la foudre.

La raison & la science seroient des dons bien funestes, si elles conduisoient à priver les hommes des avantages que la Reli-

gion

gion Chrétienne est venuë apporter sur la terre : mais si quelques particuliers ont abusé des
talents que Dieu ne leur avoit
départis que pour sa gloire, c'est
leur crime, & non celui de la
Philosophie. Cependant il faut
être en garde contre ces accusations d'incrédulité, qu'un zèle a-
veugle ou un intérêt profane ont
souvent prodiguées. Elles tendent
à détruire la confiance que nous
devons avoir dans la lumiére naturelle & la raison que Dieu nous
a données pour nous conduire.
Tous les Chrêtiens vrayement
religieux doivent être pénétrés de
reconnoissance à l'égard de ces
hommes profonds qui se sont

con-

confacrés à balayer les erreurs de la Philofophie, & à nous ouvrir les routes de l'évidence. Dans les fiè-cles groffiers la Religion divine n'eft dans tous les efprits qu'une infpiration de préjugé, & un ef-fet auffi aveugle qu'heureux de l'habitude. Mais lorfque le pro-grès naturel des chofes a rendu les lumiéres communes à un plus grand nombre, la Religion de-vient une affaire de conviction pour les bons efprits, & il faut qu'ils foient conduits par l'évi-dence des vérités naturelles à la certitude des vérités révélées. Rien n'eft donc plus dangereux que d'obfcurcir les vérités natu-relles, puifqu'elles font le feul

A 4

fon-

fondement légitime qui puiſſe aſſurer le conſentement qu'on doit aux autres. C'eſt à quoi ne penſent pas aſſez ceux qui embrouillent la Philoſophie par des idées chimériques, contre leſquelles dépoſe notre ſentiment intime bien obſervé.

On ne fait pas moins de tort à la Religion divine en accuſant légérement d'incrédulité des hommes dont les talens honorent & & ſervent la patrie, & que leurs vertus rendent chers à la ſocieté. Il ſemble qu'on ait pris à tâche d'établir que tous les Sçavans ſont Athées ou Déiſtes, & que le don de la foi n'eſt accordé qu'aux ignorans & aux imbécilles.

cilles. Mais le comble du blaf-
phême, c'eſt d'employer, pour
défendre l'éternelle vérité, les armes propres du menſonge, une
adreſſe frauduleuſe, des imputations téméraires, & enfin la perſécution.

Tous ces moyens, dira-t-on,
n'ont point été employés pour décrier *le livre de l'Eſprit*. Les
Tribunaux, les Paſteurs, les Docteurs ont juſtifié les critiques
qu'on en a faites ; mais l'expérience de tous les tems ne prou-
ve-t-elle pas que la raiſon a encore des droits ſur les choſes qui
paroiſſent jugées ? Tel eſt ſon
privilége, qu'elle ne peut être ſou-
miſe à aucune autorité qu'à celle

A 5   de

de la révélation. Les Tribunaux
souverains ont, rélativement aux
écrits philofophiques, des raifons
de gouvernement & de police
qui s'étendent au-delà des lumiéres des auteurs & des lecteurs.
On doit révérer très fincérement
la fageffe qui dicte leurs arrêts.
Mais ces jugements ne portent
certainement pas fur les vérités
indéfectibles par elles-mêmes, &
dont il faut féparer les applica-
tions qu'on peut en déduire fauf-
fement, rélativement à la conftitution actuelle des focietés. Ces
vérités ne perdent point leur caufe dans des jugemens rendus pour
maintenir l'ordre & la juftice. Les
tribunaux ne qualifient pas de
maté-

matérialiftes des hommes bornés aux décifions de l'Eglife fur la connoiffance de l'immatérialité de l'ame, que la révélation a élevée au-deffus de la raifon.

Le jugement des Pafteurs mérite auffi tous nos refpects. Cependant comme il eft arrivé que quatre-cent Evêques affemblés à Rimini fe trompèrent fur un des dogmes les plus importans de la foi, il eft poffible que quelques Pafteurs, même éclairés, fe méprennent fur la diftinction qui doit féparer les opinions philofophiques d'avec les dogmes de la Religion. La follicitude paftorale a droit fans doute de s'effrayer de tout ce qui peut donner atteinte

à la tranquillité du troupeau de
JESUS - CHRIST. Plus cette inquiétude eſt tendre, & plus elle
doit prendre aiſément l'allarme;
mais par cette raiſon - là même il
peut arriver que ſa frayeur con-
fonde les objets, & qu'elle voye
des monſtres, où un intérêt plus
tranquille ne feroit rien appercevoir. L'autorité des Docteurs eſt
encore d'un grand poids dans les
déciſions théologiques. Quoique
leur jugement ne ſoit pas lui-
même infaillible, il y auroit au
moins de l'imprudence à refuſer
d'y ſouſcrire: mais l'autorité n'influe en rien ſur ces opinions qui
ſont du reſſort de l'évidence. C'eſt
le patrimoine de la Philoſophie,

&

& on ne peut fe fervir pour l'attaquer que des armes avec lef-
quelles elle a droit de le défendre. J'ai donc cru pouvoir examiner quelques opinions philofophiques qu'adopte la Faculté de
Théologie de Paris, & qu'elle n'a
pas deffein fans doute de nous
faire révérer comme articles de
foi. Mais je ne me propofe pas
de juftifier *le livre de l'Efprit* contre les cenfures fondées fur des
interprétations arbitraires de paf-
fages que cette Faculté a jugé à
propos de détacher d'un fyftême
politique qui en détermine la véritable fignification. L'expérience ne prouve que trop que l'ob-
fervation des devoirs impofés aux

hom-

hommes par la Nature & le bon ordre rélatif aux societés, n'a pû être assurée que par des loix politiques, & par la sanction néceffaire à ces loix. Cette vérité eft la bafe & l'objet *du livre de l'Efprit.* La Faculté de Théologie de Paris a envifagé les fentimens de l'Auteur fous des points de vûe différens. Elle a fait abftraction en les examinant de toute légiflation & de toute conduite politique (ce qui n'exifte pas dans la Nature) & elle les a condamnés felon fes interprétations. Dans ce fens on peut, fans préjudicier à la vérité, adhérer pieufement à la cenfure de la Faculté : on le doit, furtout

en

en ce qui concerne *l'essence* & les notions *abstraites* du juste & de l'injuste. Mais il ne faut pas confondre *l'essence* avec les notions qu'on pourroit appeller pratiques, & qui varient dans l'ordre politique, selon les rapports essentiels que le juste & l'injuste, le bien & le mal peuvent avoir avec la constitution morale & physique des sociétés. Ces notions bien apperçües deviennent la base de toute bonne Législation, quoiqu'elles paroissent opposées aux notions abstraites auxquelles la Faculté s'est bornée dans ses décisions.

Je ne peux me dispenser de faire quelque attention à une

nou=

nouveauté que j'ai remarquée
dans la cenfure de la Faculté de
Théologie de Paris, & qui ne
paroît pas avoir pour objet l'inftruction des fidèles.

Que fignifie cet amas d'opinions vrayes ou fauffes, abfoluës
ou tronquées, rélatives à diffé-
rents plans de doctrines religieu-
fes ou impies, extraites d'auteurs
de différens pays & de Religion
différente ? Que veut dire cet
affemblage d'incrédules, d'ennemis déclarés de toute Religion,
& leur mélange avec des Philofophes Chrétiens explicitement
& formellement foumis à la révélation ? En quoi des opinions
notoirement impies reffemblent-
elles

elles à d'autres qu'on affecte de confondre avec elles, quoiqu'el- les foient autorifées par la Doctri- ne de l'Eglife, des Pères, des Théologiens orthodoxes & des écoles Chrêtiennes? Afin de ren- dre ces citations également odieu- fes, on les annonce par un pré- ambule chargé de déclamations contre la Philofophie, & foute- nües d'un ton d'autorité auffi dé- placé dans la recherche des véri- tés foumifes à l'examen de la rai- fon, qu'étranger à l'évidence des preuves fondamentales de la vraye Religion. La Faculté de Théolo- gie fait les plus grands efforts pour indifpofer l'autorité fouve- raine contre les Philofophes, par

des

des imputations injuſtes : je dis injuſtes, parce que je ne la crois pas aſſez attachée aux principes de HOBBES & de MACHIAVEL, pour méconnoître les droits ſacrés de la nature & des gens. Elle n'ignore point que ce ne ſont pas des Philoſophes que l'hiſtoire fait paroître ſur le théâtre dans les révolutions, dans les révoltes, dans les entrepriſes contre l'autorité légitime. La Faculté connoit les acteurs qui y ont joué le plus grand rôle, & on ſçait combien les ſiècles d'ignorance leur ont été favorables.

Mais cette collection confuſe d'opinions extraites de doctrines ſi incompatibles auroit-elle pour

ob-

objet d'infinuer que *l'auteur de l'Efprit* s'eft livré à tous ces fenti-mens contradictoires? La Faculté de Théologie eft trop équitable pour que je me fixe à cette impu-tation. Le point de réunion qui paroît l'avoir déterminée, c'eft le filence fur les idées innées, qui eft commun à tous ces au-teurs, & à celui du *livre de l'Ef-prit.* Mais tout le monde ne peut pas appercevoir comme la Facul-té l'évidence de ces idées : elles ne font pas un article de foi ; el-les paroiffent bannies des écoles Chrêtiennes les plus refpectables ; & elles font combattues par les Théologiens Catholiques les plus éclairés. Parmi les différentes cri-tiques

tiques qui ont été faites du *livre de l'Esprit*, j'ai choisi celle du *Journaliste de Trévoux*, soit à cause des égards que personnellement il mérite, soit parce que les autres n'ont fait que répéter ce que d'abord il avoit jugé répréhensible. Les accusations qu'il a intentées contre le *livre de l'Esprit* sont les plus graves dont un livre puisse être chargé. Il a cru même devoir invoquer l'autorité contre l'auteur, & c'est ce qui prouve la vivacité de son zèle. C'est donc sur sa critique que j'ai fait mes réflexions, qui n'ont pour but que de nous éclairer mutuellement avec fraternité & charité.

Pour

Pour remettre avec facilité sous les yeux du lecteur les objets précis de cette grande querelle, je commence par lui offrir un extrait sommaire du *livre de l'Esprit*, dans lequel j'ai tâché de saisir & d'exprimer avec l'impartialité la plus complette le véritable esprit du livre. J'ai placé après cet extrait l'idée que le *Journaliste de Trévoux* a donnée de ce même livre *au mois de Septembre* 1758. Une lettre adressée au *Journaliste* vient à la suite de sa notice. Je la joins ici d'autant plus volontiers qu'elle n'a presque pas été publique, & que j'ai eu beaucoup de peine à me la procurer. Le *Journaliste* a rendu

compte

compte de cette lettre. C'est son extrait qui me l'a fait connoître, & qui a donné occasion aux remarques qui font la plus grande partie de ce petit recueil. Je n'ai pas crû devoir rappeller ici les grandes analyses que le *Journaliste de Trévoux* a faites du *livre de l'Esprit*, & qu'il appelle aussi ses reclamations littéraires. Il m'a paru que le ton de ces critiques pourroit révolter les gens sages, & c'est ce que je ne voulois pas. Ces excès polémiques, qui échappent apparemment dans le tems où les esprits font en fermentation, rendent toujours suspect un critique, & même le décréditent, lorsque le calme des passions a

ren-

rendu à la raison tout son usage. Quels que soient les motifs de cette chaleur, elle nuit infiniment à la vérité, dont la découverte devroit être le but de toutes les disputes. Les vérités philosophiques sont après celles de la vraye Religion le dépôt le plus sacré que l'on puisse conserver aux hommes. On peut dire même que c'est aux Philosophes à nous conduire au pied des autels, à nous prouver avec évidence la nécessité & la certitude de la révélation, à disposer par la raison tous les hommes raisonnables à se soumettre aux dogmes de la foi. Mais on n'arrivera pas à l'évidence en commençant par admettre

mettre

mettre des idées innées qu'on n'entend point, ou en voulant démontrer par des preuves futiles des myſtères incompréhenſibles. Les foibles défenſeurs de la Religion, qui veulent prouver tout ce qu'il faut croire, font dès incrédules de tous les petits eſprits qui peuvent répondre à leurs argumens. On fait un Journal pour établir des preuves périodiques de la Religion ; on lui conſacre de nombreux volumes qui ont l'air d'être l'ouvrage du délire & de l'imbécillité. N'eſt-ce donc plus cette Religion ſainte annoncée d'un ton ſublime par les Prophêtes & ſcellée du ſang des Martyrs ? Mais raſſurons nous:

les

Les portes de l'Enfer ne prévau-
dront point contre elle. Elle triom-
phera également des efforts de
ses ennemis, & de la foiblesse de
ceux qui s'en font gratuitement
les appuis.

Parmi ces derniers, s'il en est
beaucoup d'hypocrites, il en est
aussi quelques - uns dont la bonne foi est respectable ; je n'écris
que pour eux. Quoique je ne
pense pas que *le livre de l'Esprit*
enseigne le matérialisme ni le mépris de la Religion sainte, je suis
fort éloigné d'être toujours de l'a-
vis de l'Auteur. Peut-être quelque
jour, si mes infirmités me le
permettent, entrerai - je en lice
avec lui sur plusieurs points

B

traités

traités dans son ouvrage. Je crois
qu'il s'est quelquefois trompé;
mais son livre contient certainement un grand nombre de vérités dictées par l'amour des hommes, & qui peut-être seront utiles à ceux mêmes qui l'ont dé-
chiré. On n'a pas craint de lui
reprocher cette bienveillance générale, qui est le plus noble sentiment dont un homme puisse
être animé. On lui a fait un crime du mépris dont il a couvert
les pratiques superstitieuses des
fausses Religions, qui font le
malheur & la honte de ceux qu'elles tyrannisent. Il pourroit dire
des écrivains qui l'ont attaqué
ce qu'un Philosophe célèbre dit
de ses adversaires.   » Ils

» Ils s'attachent moins à prou-
» ver leur thèſe qu'à éluder les
» raiſons dont on les accable,
» ſemblables à ces faux témoins,
» Grecs de nation, deſquels Ci-
» ceron a ſi bien dépeint le cara-
» ctère : *Nunquam laborant quem-*
» *admodum probent quod dicunt,*
» *ſed quemadmodum ſe explicent*
» *dicendo*. Ainſi je prévois que
» s'ils me répondent ils laiſſeront
» mes principales difficultés, &
» chercheront ſi je me ſuis trom-
» pé en quelque lieu, ſi j'ai fait
» quelque remarque qui ſoit un
» faux raiſonnement, ſi mes prin-
» pes ont des conſéquences ab-
» ſurdes. S'ils ne font que cela,
» je leur déclare de bonne heure

B 2

» que

» que je ne me tiendrai pas pour
» refuté, ni ma cauſe moins vi-
» ctorieuſe dans le fonds ; car la
» victoire d'une cauſe ne ſe perd
» pas parce qu'il eſt arrivé à un
» Avocat de ne raiſonner pas
» toujours juſte , d'avoir des pen-
» ſées en un lieu qui ne ſont pas
» tout - à - fait la ſuite de celles
» qu'il a eües dans un autre , de
» pouſſer trop loin en quelques
» endroits ſa pointe , de s'égarer
» quelquefois : tout cela m'eſt
» arrivé peut-être ; mais comme
» nonobſtant ces défauts , qui ne
» ſont que ceux de la perſonne
» du défenſeur , & non pas ceux
» de la cauſe , je crois avoir dit
» des choſes qui établiſſent incon-
» teſta-

» testablement ce que j'ai vou-
» lu soutenir; je déclare encore
» un coup, que si les convertis-
» seurs veulent se justifier, il faut
» qu'ils répondent à ce que je dis
» de fort & de raisonnable, &
» qu'ils n'imitent pas cette mé-
» thode des controversistes, qui
» fait qu'il n'y a point de livre
» si terrassant, contre lequel on
» ne publie des réponses, & qui
» consiste en ce qu'on cherche les
» endroits où un auteur aura mal
» cité un passage, employé une
» raison tantôt d'une manière,
» tantôt d'une autre, & que l'on
» peut retorquer, & commis tels
» autres défauts presqu'inévita-
» bles. Un homme qui sçait ra-
B 3　　　　　mas-

» maſſer tous ces endroits, & déta-
» cher quelque raiſon de ce qui en
» fait l'appui dans les pages pré-
» cédentes, & la véritable fin ou
» alluſion auquel l'Auteur l'avoit
» deſtinée, fait une groſſe répon-
» ſe au meilleur livre, laquelle pa-
» roit triompher à ceux qui ne
» comparent pas exactement &
» ſans préoccupation les deux
» piéces. Voilà d'où vient qu'on
» répond à tout ; mais à pro-
» prement parler, ce n'eſt pas re-
» futer un livre, c'eſt laiſſer la
» cauſe dans les fers, c'eſt ſeule-
» ment faire l'*Errata* de ſon ad-
» verſaire; & pour moi, ſi on ne
» fait autre choſe contre ce livre,
» je me tiendrai pour vainqueur.

ANA-

ANALYSE

du Livre intitulé

DE L'ESPRIT.

DISCOURS PREMIER.

De l'Esprit en lui-même.

L'Esprit considéré en lui-même est un assemblage d'idées, car c'est par ses effets qu'on apperçoit, & non par sa nature qu'on ignore,

B 4

qu'il

qu'il faut le définir. L'esprit ne produit pas lui-même ses idées, il les reçoit par l'impreſſion que les objets extérieurs font ſur les ſens. Cette impreſſion eſt conſervée par la mémoire, qu'on peut regarder elle-même comme une ſenſation continuée. Les impreſſions reçues par les ſens, & conſervées par la mémoire, nous mettent à portée de juger des convenances & des diſconvenances que les objets ont entr'eux, & rélativement à nous. La connoiſſance de ces rapports eſt ce qu'on appelle proprement *Idée* ; mais cette connoiſſance s'acquiert par la ſenſation même, & le jugement que l'eſprit porte ſur ces

rap-

rapports n'eft que le prononcé de l'impreffion réçuë par la voie des fens. Tout jugement peut donc être rapporté à la fenfation. Mais, dira-t-on, puifqu'il y a des jugemens faux, il y a donc des fenfations fauffes; c'eft ce qu'on ne peut pas dire proprement. Mais comme le jugement confifte dans l'appercevance des rapports entre les objets, on fe trompe parce qu'on n'apperçoit pas une quantité de rapports fuffifante pour bien juger. Les paffions ou l'ignorance font les caufes de ces erreurs.

Les paffions fixent toute notre attention fur un côté de l'objet qu'elles nous préfentent; l'igno-

 rance

rance ne nous en laisse pas voir assez de faces pour nous faire saisir tous les rapports que cet objet peut avoir avec d'autres. Les passions mêmes nous cachent ce qui est, & nous montrent ce qui n'est pas : en ce sens on peut dire qu'elles troublent l'exercice des sensations, & qu'elles en produisent de fausses. Ce n'est pas que ces jugemens ne soient vrais rélativement à l'impression actuellement reçue ; mais ils sont faux en eux-mêmes, puisque plus de sang froid, ou la connoissance d'un plus grand nombre de rapports, les fait juger tels.

Une des causes qui contribuent le plus à perpétuer l'ignorance,

les

les erreurs & les diſputes, c'eſt
l'abus des mots. Combien les
mots *eſpace*, *eſprit*, *matiére*,
amour propre, *liberté*, n'ont-ils
pas excité de querelles, faute d'a-
voir été pris dans le même ſens
par ceux qui s'en ſervoient! L'a-
bus des mots a ſouvent égaré
des Nations entiéres. Les Romains élevèrent ſous le nom
d'*Imperator* le pouvoir abſolu
qu'ils déteſtoient ſous celui de
Rex. Si l'on veut donc porter
des jugemens toujours juſtes, il
faut être calme & inſtruit; & il
faudroit, pour prévenir les erreurs occaſionnées par l'abus des
mots, compoſer une langue philoſophique claire, & commune

à toutes les Nations. Mais c'eſt ce qu'on ne doit pas eſpérer, à cauſe des difficultés de toute eſpèce qui s'y oppoſeront toujours.

DISCOURS II.

De l'Eſprit par rapport à la Société.

L'Eſprit en lui-même eſt un aſſemblage d'idées quelconques; mais chaque particulier ne fait entrer dans la notion d'Eſprit que les idées intéreſſantes pour lui; & la ſociété porte à cet égard ſon jugement par les mêmes motifs qui déterminent les

par-

particuliers. Nous n'eſtimons, nous ne blâmons que par intérêt. L'amour propre, qui nous concentre en nous-mêmes, ne nous permet d'aimer que nous dans les autres, & par conséquent d'eſtimer que ce qui nous eſt agréable ou utile. De là cette différence entre les jugemens portés ſur les ouvrages & ſur les actions par les particuliers, par les petites ſociétés & par l'univers.

Nous diſons les ouvrages & les actions, parce que le même motif d'intérêt qui met le prix à l'eſprit & aux talens, influe auſſi ſur les jugemens qu'on porte de la probité. Chaque particulier, chaque ſociété appelle vertueuſes
les

les actions qui lui sont utiles, & le public, indifférent pour ces actions particuliéres, n'honore du nom de grands que les talens qui le servent, & n'appelle vertueuses que les actions qui lui sont utiles. Le détail des faits est la preuve de ce principe. Si vous examinez quels sont les motifs d'approbation dans les particuliers, dans les sociétés, & de la part du public, vous en retrouverez toujours cette raison secrette ; Vous verrez ces jugemens respectifs se contredire de plus en plus à mesure que les intérêts s'éloigneront. Le Cynique & le Sibarite se mépriseront mutuellement. Le Poëte

de

de Théâtre regardera comme fu-
tile la démonstration du Géomè-
tre, qui de son côté dira qu'une
tragédie ne prouve rien. Le bon
ton sera l'idole des sociétés particuliéres; ce qui est bon ton
dans une société, sera mauvais
dans une autre, & le public ne
fera nul cas de ces petits talens
dont il ne résulte rien pour lui.

L'intérêt met la même différence dans le jugement porté sur
les actions des hommes. Un homme en place qui ne sacrifieroit
jamais la justice au bien de sa
famille seroit regardé par elle
comme un mauvais parent, &
par le public comme un citoyen
vertueux. Les intérêts particuliers

font

font ſi ſouvent en contradiction avec ceux du public, qu'un homme toujours juſte eſt à coup ſûr blâmé d'un grand nombre, parce que nous n'accordons point le nom de mérite à ce qui nous déplait, ni celui de vertu à ce qui nous bleſſe.

Dans cette complication d'idées & de jugemens, comment faire pour échaper à la ſéduction des ſociétés particuliéres dont nous ſommes ſans ceſſe aſſiégés? Le moyen le plus ſûr, c'eſt de n'écouter ni nos propres intérêts, ni les jugemens de ceux qui nous environnent, d'élever nos vûes juſqu'aux grands objets de l'utilité publique, de fortifier par l'hal'habitude ce sentiment noble qui nous fait paroître grands à nos propres yeux, lorsque le motif du bien général nous a portés à sacrifier ce qui nous étoit cher. Ce sentiment nous fait trouver notre bonheur dans tout ce qui est avantageux au public, & on peut le regarder comme le germe de toute vertu : mais il faut distinguer deux sortes de vertus. On peut appeller vraie vertu celle qui se propose pour objet le bien public ; invariable dans son objet, elle ne l'est pas dans les actions qu'elle commande, parce que mille circonstances peuvent changer l'intérêt général.

L'autre sorte de vertu peut

être

être appellée vertu de préjugé. C'eſt celle qui n'influant en rien ſur la félicité publique tient à une Légiſlation particuliére. Il faut ranger dans cette claſſe toutes les vertus dont la pratique n'ajoute point au bonheur public. Telles ſont les auſtérités recommandées par les Religions. On ne doit pas même en excepter celles qui ſont preſcrites par la Religion Chrêtienne, quoiqu'elles ſoient infiniment reſpectables, & qu'en vertu de la volonté du Souverain Légiſlateur elles ayent pour but d'épurer l'homme, & de le rendre digne de ſon Créateur.

Les pratiques ſuperſtitieuſes des autres Religions, & miſes

par

par elles au rang des vertus, n'en
méritent certainement pas le
nom. L'inconvénient de ces vertus de préjugés c'est d'éloigner
les hommes de la vraie vertu,
de les defintéreffer fur le bien
public qui en eft l'objet.

S'il y a deux fortes de vertus,
il y a deux efpèces de corruption.
L'une peut s'appeller corruption
religieufe, l'autre corruption politique. La premiére confifte dans
la violation des loix de la Religion qui concernent les mœurs:
la feconde arrive lorfque l'intérêt
des particuliers fe détache de
l'intérêt public.

La corruption religieufe ne
peut être mauvaife en elle-même

que

que dans la Religion Chrêtienne,
qui eſt la ſeule vraie. Dans les
autres Religions cette corruption
n'eſt dangereuſe qu'autant qu'elle nuit à la conſtitution politique
des Etats. La corruption religieuſe peut en général s'allier avec les
plus grandes vertus rélatives au
bien public ; mais la corruption
politique détruit tout l'effet des
vertus religieuſes. Ce n'eſt donc
point par de vaines déclamations
ſur les mœurs, c'eſt par la législation qu'on peut perfectionner
la morale pratique. Si vous vou-
lez bannir la médiſance, détrui-
ſez l'ignorance & l'oiſiveté ; ré-
conciliez l'intérêt particulier avec
l'intérêt général, vous rendrez

la

la vertu commune, & vous assu-
rerez la félicité publique; réfor-
mez les loix, les mœurs se réfor-
meront d'elles-mêmes, & les hommes deviendront vertueux quand
il sera honteux de ne l'être pas.

Mais la plûpart des Moralistes, occupés d'eux-mêmes, ne le
sont guères du bonheur de l'humanité. Ils crieront contre l'or-
gueil des Grands & la fierté des
riches dont ils sont blessés, &
seront indifférens sur un défaut
dans la Jurisprudence, dans l'é-
ducation publique &c. qui sont
bien d'une autre importance. Ainsi le travail des Moralistes est resté
presqu'inutile, pendant que les
autres sciences se sont perfec-
tionnées. Ces

Cependant l'ignorance des Moralistes n'en est pas la seule cause. Dans tous les tems, des hommes puissans, qui ont affecté la domination, ont regardé les progrès de la morale comme contraires à leurs desseins. Persuadés que l'aveuglement est nécessaire pour assurer la soumission des peuples, ils ont imposé silence à tous ceux qui auroient voulu les éclairer. Ils ont employé les uns l'autorité, les autres le fanatisme, pour régner sur des hommes abrutis. Il faut donc commencer par démasquer ces odieux protecteurs de l'ignorance, & perfectionner la science de la législation, pour assurer la pratique des principes

de

de morale d'où dépend le bonheur des hommes. Mais, comme nous l'avons dit, le grand art de la législation consiste à intéresser les hommes à l'observation des loix. Une législation parfaite seroit celle dans laquelle toute action honnête dans chaque ordre de l'Etat seroit recompensée par la gloire ou par le plaisir, & toute action nuisible au public seroit constamment suivie de la peine ou de l'infamie. Comment espérer de voir germer des leçons de morale lorsqu'elles ne sont appuiées d'aucun intérêt sensible qui engage à les pratiquer? Les hommes, attachés sans cesse à la terre, pressés de toutes parts

par

par le plaifir & par la douleur, font malheureufement trop foiblement touchés des récompenfes éloignées & céleftes. On leur prêche le defintéreffement, pendant que les mœurs publiques les entraînent vers la richeffe à laquelle l'opinion attache l'honneur. Or l'opinion & les mœurs publiques dépendent de la forme du Gouvernement & de la législation.

Vous pourrez juger de l'un & de l'autre par la nature des ouvrages eftimés dans les différens tems, & chez les différentes Nations. Si vous en exceptés ceux qui portent dans tous les fiècles l'inftruction & la lumiére, &

ceux

ceux qui par la peinture vraie & forte des paſſions des hommes conſervent le droit éternel de les intéreſſer, les autres n'obtiendront qu'une eſtime reſſerrée & une vogue paſſagère dépendante des mœurs du tems. Il eſt donc vrai que la légiſlation en changeant l'intérêt général change l'opinion publique, & qu'elle décide par-là des talents & des mœurs. La morale eſt donc étroitement liée à la ſcience des loix, & ce ſeront toujours les bonnes loix qui aſſureront la pratique des préceptes de la morale. C'eſt donc la légiſlation qu'il eſt principalement important de perfectionner.

C DIS-

DISCOURS TROISIEME.

Si l'esprit doit être considéré comme un don de la nature, ou comme un effet de l'éducation ?

LEs hommes reçoivent de la nature d'égales dispositions à l'esprit; car certainement leurs ames sont essentiellement égales, & ces dispositions ne peuvent consister que dans la finesse des sens, dans l'étendue de la mémoire, ou dans la capacité d'attention. Or les sens, quoiqu'avec plus ou moins de finesse, ne saisiront pas moins de rapports entre les objets, & c'est le nom-

nombre de rapports qui fait l'esprit.

L'étendue de la mémoire n'est pas aussi inégale qu'on le croit entre les hommes, & d'ailleurs la grande mémoire influë très peu sur le grand esprit, puisque LOCKE & MILTON n'avoient que très peu de mémoire. La capacité d'attention est naturellement la même, à peu près, dans tous les hommes bien organisés. Il n'en est point qui n'apprenne à lire & qui ne puisse entendre les premiéres propositions d'Euclide : Or le degré d'attention nécessaire pour y parvenir est plus que suffisant pour élever à la découverte des vérités utiles

C 2

qui

qui caractérifent l'efprit fupérieur. Il faut donc chercher d'autres caufes de l'inégalité d'efprit parmi les hommes, & voir quelles font les puiffances qui nous font agir. La premiére c'eft l'ennui. Nous éprouvons continuellement le befoin d'appercevoir notre exiftence par le plaifir, & cette inquiétude eft en nous un grand principe de mouvement & d'action. Mais ce font les paffions qui remuent le plus puiffamment notre ame, qui nous éclairent fur la poffibilité des chofes extraordinaires, qui excitent en nous une forte d'infpiration inconnuë à la tranquillité & à l'analyfe, & qui par là produifent

les

les grands efforts & les actions
merveilleufes. Mais il faut diftinguer les paffions naturelles, & les
paffions factices. Les premiéres
ne font que nos befoins naturels
vivement fentis. Les autres ont
pour objet les befoins factices
qui font nés de la fociété, & elles
deviennent prefqu'auffi impérieu-
fes que les paffions naturelles.
Cependant malgré cette diftinction, on peut rappeller toutes
les paffions aux befoins de la nature , & quelque dénaturées
qu'elles paroiffent par les moiens
qu'elles emploient, il eft aifé de
montrer qu'elles fe propofent le
même objet, & qu'elles fortent
de la même fource. L'avare croit

fe

se préparer dans son amas d'argent un moien sûr d'écarter des besoins dont en attendant il souffre. L'ambitieux regarde sourdement les honneurs & la confidération publique comme un moien d'assurer ses plaisirs, & de se procurer tout ce qu'il poúrra défirer dans la suite. C'est par la même raison que l'orgueilleux défire l'estime, & qu'il s'irrite contre ceux qui ne la lui accordent pas. L'amitié elle - même, cette passion noble des cœurs vertueux, est un besoin qu'on peut ramener peut-être au principe de l'ennui, & dont certainement des circonstances étrangères peuvent augmenter beaucoup l'intérêt &

la

la force. Les paſſions, ſoit naturelles, ſoit factices, étant donc
les principales forces qui meuvent notre ame, elles peuvent
être habilement dirigées par un
Légiſlateur vers l'utilité publique qui eſt ſon but. Dès-lors
l'uſage des paſſions ſera conſa-
cré par ſon objet, & l'on pourra
dire que les grandes paſſions ſont
le germe des grandes vertus,
rélativement à l'état politique.

Quelques Légiſlateurs ſe ſont
heureuſement ſervis des plaiſirs
des ſens pour exciter les citoyens
aux plus grandes actions. La mon-
noie des hommes n'eſt pas d'un
moindre prix pour ceux que le
Gouvernement a accoutumés à

C 4

l'enl'envisager comme telle. S'il est donc des Peuples qui paroissent indifférens pour la vertu patriotique, c'est la faute des Législateurs, qui n'ont pas connu les ressources que leur fournissoient les passions des hommes. Tous les Gouvernemens ne se prêtent pas également à cet enthousiasme qui produit les grandes actions. N'en attendez pas, par exemple, dans le Despotisme. Nul intérêt ne vous y attache à la patrie; l'estime publique y rend au moins suspect; l'habitude de la crainte y étouffe tout sentiment généreux; une pensée noble & hardie y est regardée comme ridicule, si elle n'est pas trai-

téе

tée comme criminelle.

Lisez TACITE, & voiez ce que furent les Romains sous les Empereurs. Regardez ces mêmes Romains dans les premiers tems de la République : l'héroïsme y naissoit de la Législation. Les mêmes passions peuvent être en différens tems utiles ou nuisibles au bien public. CESAR devenu le tyran de Rome corrompuë eut été le sauveur de Rome vertueuse.

L'usage des passions dans toute leur force est surtout nécessaire dans ces tems de crise où un Etat chancèle & où l'anarchie des intérêts menace d'une dissolution prochaine : c'est alors que les froides spéculations de la prudence

ne

ne font que hâter fa ruine ; mais alors auffi la plûpart des efprits, engourdis de longue main, font peut-être incapables de recevoir le branle qu'une grande ame voudroit leur donner. L'art d'infpirer des paffions eft dans ces circonftances le feul qui ne foit pas ftérile.

Parmi celles que la politique a emploiées dans les différens tems, le fanatifme eft celle qui a porté les hommes aux plus grands efforts. Les difciples d'ODIN, ceux de MAHOMET, & les Abyffins en font la preuve. On peut faire des hommes tout ce qu'on voudra, puifqu'ils font capables de rire dans les fupplices,

&

& de regarder la mort comme un plaisir. Mais le fanatisme, considéré même uniquement par le côté politique, n'est point un ressort qu'un Législateur doive jamais emploier. S'il est la plus forte des passions, c'est la moins durable, & jamais dans chaque Nation elle n'a opéré des prodiges pendant plus d'un siècle : il ne laisse de traces que l'ignorance & l'abrutissement. Le patriotisme est le plus solide ressort des passions : il est fondé sur un intérêt permanent ; & le Législateur peut l'élever dans les hommes jusqu'à les exciter à cette continuité d'attention qui donne la supériorité des lumiéres. Cette

 paſ-

paſſion vertueuſe peut régner dans tous les tems & chez tous les peuples. On l'a vuë alternativement au Nord, au Midi, animer les hommes aux actions vertueuſes, inſpirer le courage, exciter les talents ; & il n'y a point de Peuples qui aient à cet égard un avantage marqué ſur les autres. Ce ſont donc les loix, c'eſt la forme du Gouvernement, qui, comme nous l'avons dit, décide du génie & des autres qualités parmi les Peuples, & qui les rendent ignorans ou éclairés, indifférens ou ſenſibles à la vertu.

DIS-

DISCOURS QUATRIEME.

Des différens noms donnés à l'Esprit.

L'Esprit est, comme nous l'avons dit, la connoissance de nouveaux rapports, ou la combinaison nouvelle des rapports apperçus entre certaines idées. Si ces idées forment un ensemble de vérités intéressantes pour les hommes, elles sont appellées production du génie. Ce n'est pas toujours au plus grand nombre, ou à la nouveauté des rapports apperçus, que ce titre est accordé. Celui qui fait une révo-

lution

lution dans une fcience ou dans un art, obtient le nom d'homme de génie de préférence à ceux qui pour approcher cette fcience ou cet art du point de la révolution ont été contraints d'y emploier plus d'invention que lui. Le hazard influe donc fur la réputation ; mais cependant il ne fert jamais à cet égard que ceux qui paffionnés pour la gloire fe mettent par un travail opiniâtre en état de profiter du moment heureux.

L'efprit fin eft celui dont le talent confifte à préfenter des idées qu'on n'apperçoit pas fans un effort d'attention. Une conféquence éloignée déduite d'une

idée

idée générale est une idée fine.

Une idée grande & une idée forte frappent l'une & l'autre vivement: mais celle qu'on appelle grande intéresse plus généralement, & celle qu'on nomme forte, plus vivement. Le fort est le produit du grand uni au terrible.

L'esprit de lumiére consiste à disposer tellement les idées qui concourent à prouver une vérité, qu'on puisse aisément la saisir. Cet esprit est le truchement du génie philosophique. On les confond souvent à cause de la lumiére qui leur est commune: mais le génie cherche & découvre des vérités nouvelles, & l'esprit de lumié-

lumiére les saisit & les transmet.
L'esprit pénétrant s'attache à peu
d'objets; mais il les creuse. Il
parcourt en profondeur l'espace
que l'esprit de lumiére parcourt
en superficie. La sagacité ne dif-
fère de la pénétration qu'en ce
qu'elle suppose plus de prestesse
de conception.

Le goût n'est proprement que
la connoissance de ce qui plait à
une certaine Nation : car on ne
doit peut-être pas appeller de ce
nom, ce goût réfléchi qui est
fondé sur une connoissance profonde de l'humanité.

Le bel esprit est celui qui com-
pose dans le genre d'agrément.
Son talent consiste principalement

à

à bien dire; mais le public ne le donne guères qu'à ceux qui disent bien des choses fines & intéressantes.

L'esprit du siècle est celui des gens du monde & de la Cour. L'homme du monde, ainsi que le bel esprit, est plus sensible au bien dit qu'au bien pensé. L'esprit juste ne l'est point à tous égards. S'il veut juger de ces propositions compliquées, où la vérité dépend d'un grand nombre de faits qu'il ignore, il devient faux. Le propre de l'esprit juste est de tirer des conséquences exactes des opinions reçües. Les esprits justes se croient volontiers sages; mais les méprises de sentiment ne sont

pas

pas rares, & cette préfomption en eft fouvent une.

Nous nous trompons aifément fur le nombre & la nature des fentimens qui nous meuvent. Une mère croit aimer fes enfans pour eux-mêmes, & elle néglige leur éducation; c'eft une méprife.

C'eft encore par une méprife de fentiment que quelques gens pieux haïffent les Philofophes, & que quelques hommes en place perfécutent les gens de génie. La vanité eft la caufe des méprifes de fentiment.

Le bon fens eft un effet de l'abfence des grandes paffions. L'homme de bon fens feulement, eft par-là à l'abri des grands é-
carts;

carts; mais auſſi peu capable des grandes actions qui ont beſoin d'enthouſiaſme. L'eſprit de conduite ne devroit être que l'art de ſe rendre heureux; mais on le prend ordinairement pour l'art de faire fortune. Si la fortune é-toit toujours le prix du mérite, l'eſprit de conduite ſuppoſeroit de grands talens; mais dans la plûpart des Gouvernemens cet eſprit n'eſt pas différent de celui d'intrigue. Le nombre d'idées que ſuppoſe l'eſprit d'intrigue eſt très borné. Avec un caractère ſouple & propre à ſe prêter à la baſſeſſe, il eſt rare qu'on n'ait pas l'eſprit de conduite, qui n'eſt pas ordinairement uni aux grands talens.

talens. Peut-être même cela n'est-
il pas possible ; car il est des qualités qui s'excluent, & c'est une
grande injustice d'exiger dans les
hommes des qualités contradictoires. On voudroit trouver dans
le même fruit l'éclat du diamant,
l'odeur de la rose, la saveur de
la pêche, & la fraicheur de la
grenade. Or il est impossible
qu'un Philosophe occupé d'idées
grandes & fortes écrive des lettres avec autant d'agrément qu'u-
ne femme de la Cour. Le public
est injuste dans ses prétentions.
On veut que les citoyens aiment
la patrie, pendant que les mœurs
font corrompües ; qu'un homme
en place ait des affaires dans l'ef-

prit,

prit, & des graces dans les manières &c.

On ne peut donc prétendre à la fois à différens genres de mérite qui s'excluent naturellement. Mais voulez-vous fçavoir dans quel genre d'étude vous devez réuffir ? Voyez de quelle nature font les idées dont votre mémoire eft principalement chargée. C'eft là ce qui doit guider vos vües, & ce qui vous annonce des fuccès. Voulez-vous connoître quel degré de paffion vous avez pour la gloire ? Rentrez en vous-même, & obfervez le degré d'enthoufiafme que vous fentez pour les grands hommes. Si vous pleurez devant le bufte D'A-

LEXAN-

LEXANDRE, vous ferez CESAR.

L'efprit eft le produit des objets placés dans notre fouvenir,
& mis en fermentation par l'a-
mour de la gloire. Le choix de
ces objets dépend infiniment de
l'éducation. Mais l'éducation eft
tellement liée à la forme du Gouvernement, qu'il eft prefqu'impoffible de faire aucun changement
dans l'éducation publique fans
en faire dans les mœurs, & par
conféquent dans la conftitution
des Etats. Auffi dans les grands
Etats qui fe foutiennent par leur
propre maffe, l'éducation publique eft-elle négligée. On y donne aux enfans quelques leçons
vagues de morale; mais on feroit
fâché

fâché qu'ils les priſſent à la rigueur. Une vertu trop ſévère nuiroit à leur fortune. Si deux choſes, comme le dit PYTHAGORE, rendent un homme ſemblable aux Dieux, l'une de faire le bien public, l'autre de dire la vérité, celui qui ſe modéleroit ſur les Dieux ſeroit à coup ſûr maltraité par les hommes.

IDÉE

IDÉE

Que donne le Journaliste de Trévoux *du Livre dont on vient de voir l'Analyse.*

LE livre intitulé *de l'Esprit*, n'a été nommé, dans nos *Mémoires d'Août*, que d'après le frontifpice qui énonce une approbation & un privilège. Nous n'avions alors aucune idée diftincte de cette compofition trop fameufe aujourd'hui. Elle nous eft préfentement affez connue par l'examen que nous en avons fait; & en attendant que nous rendions compte des critiques févères qu'elle mérite, & qui paroîtront probablement bientôt, nous nous hâtons de témoigner la furprife & la douleur que ce pernicieux ouvrage caufe à toutes les perfonfonnes qui refpectent la Religion & les mœurs.

Nous indiquons auffi en peu de mots les principaux caractères de ce livre.

Il paroit porter fur ce principe général, qu'il ne faut aux hommes qu'une bonne Législation : principe excellent, fi l'Auteur remontoit à la fource de toutes les loix naturelles & pofitives, laquelle ne peut être que Dieu même, & fa très-puiffante, très-fage & très-fainte volonté. Mais on ne nous inftruit ici, ni des devoirs qu'impofe la loi naturelle, ni de la diftinction primitive & effentielle du bien & du mal, du jufte & de l'injufte, ni de l'obligation d'obéir à la Religion révélée & manifeftée par le grand Législateur, qui eft JESUS-CHRIST; ni des grands avantages que la Politique tire des loix de l'Evangile bien obfervées &c. L'Auteur croit prévenir toutes les difficultés qu'on peut lui faire

D

fur

fur la Religion, en difant qu'il parle comme Philofophe, & non comme Théologien. Il répéte cela de tems en tems; il paroît rendre hommage à la beauté du Chriftianifme : mais ce langage eft une forte de précaution dont ufent fouvent les incrédules. Il n'eft pas difficile de lever le voile & de faifir la penfée de l'Auteur. Voici quelques articles qui fe préfentent comme au premier coup d'œil. Un examen plus circonftancié du Livre mettroit en état d'y découvrir beaucoup d'autres objets de critique.

1°. La fpiritualité de l'ame y eft mife au nombre des hypothèfes, & le matérialifme y eft clairement infinué en plufieurs endroits.

2°. On y réduit toutes les facultés de l'ame à fentir : ce qui eft détruire toute idée claire, toute évidence, car le fentiment eft toujours obfcur.

3°. La

3°. La tolérance universelle qu'on y préconise, n'est au fond que le cri & le vœu d'une indifférence totale en matière de Religion.

4°. La vraie notion de liberté, telle qu'on doit l'admettre pour la moralité des actions humaines, y est considérablement altérée.

5°. La probité & la justice y sont regardées comme de purs effets de la sensibilité physique & de l'intérêt.

6°. Les passions y sont tellement exaltées, qu'on traite de stupide quiconque cesse d'être passionné, & qu'on relégue parmi les pédants, les déclamateurs, les gens sans esprit, ceux qui recommandent la modération des désirs.

7°. On y a rassemblé quantité de traits licentieux, d'images obscénes, de maximes tendantes à autoriser le libertinage.

8°. Il s'y trouve des principes d'où il

seroit

feroit fort aifé de tirer des conféquences fort préjudiciables au bon ordre &
à la paix des Etats.

9°. On y déclame fort contre les détracteurs de la fcience, mais on ne fe
donne pas la peine de diftinguer la fauffe curiofité d'avec les études louables,
ni la licence de penfer & d'écrire d'avec
la recherche du vrai.

10°. Il y a dans ce livre peu de chofes qui n'ayent été dites par d'autres
écrivains bons ou mauvais. Il s'y ren-
contre des obfcurités, des termes effen-
tiels mal définis, des anecdotes de bas
aloi, des principes très frivoles, & une
maniére de raifonner fort condamnée en
Logique : c'eft celle qui confifte à conclure du particulier au général. Enfin on
peut affurer que l'Auteur du Livre *de
l'Efprit* a fait, dans cet ouvrage, un
abus manifefte de fes talens & de fes
connoiffances.

LET-

LETTRE

*Au Révérend Père ***. Journaliste
de Trévoux.*

Mon Révérend Père,

JE lis fort assidument vos Mémoires. J'y remarque avec plaisir votre zèle infatigable à poursuivre toute opinion dangereuse, & j'en partage la reconnoissance avec tous les honnêtes gens; mais ce zèle, respectable dans ses motifs, ne peut être utile dans ses effets qu'autant qu'il est toujours conduit par l'équité. Trop de chaleur égare, & la précipitation de jugement en des

 matié-

matiéres auffi graves, pourroit
faire naître dans beaucoup de
bons efprits des foupçons d'infidélité defavantageux pour vous
& pour votre objet. Je crains,
mon Révérend Père, que vous
ne vous y foyez expofé dans l'ef-
quiffe que vous avez tracé du
livre intitulé, *de l'Efprit* & dans
les articles où vous effayez d'en
indiquer les principaux caractères. Perfonne ne refpecte plus que
moi les vûes fages du Gouvernement qui a fupprimé cet ouvrage. Mais fi le Gouvernement a
le droit inconteftable de condam-
ner & de fupprimer ce qui n'eft
pas convenable à fes vûes, je
doute que des particuliers ayent
celui

celui de donner des notices indi-
geſtes & peu exactes, qui font
rejaillir ſur un homme eſtimé l'o-
dieux ſoupçon d'incrédulité. Per-
mettez, mon Révérend Père, que
j'examine un moment avec vous,
article par article, les reproches
que vous faites à l'Auteur *de l'Eſprit.*

Vous dites d'abord que ſon livre paroît porter ſur ce principe
général, qu'il ne faut aux hommes qu'une bonne légiſlation :
mais vous voudriez qu'il nous
eût inſtruit des devoirs qu'impoſe la loi naturelle, & de la diſtinction primitive & eſſentielle du
bien & du mal, du juſte & de
l'injuſte. Je n'entrerai pas à ce

 ſujet,

fujet, mon Révérend Père, dans une difcuffion trop délicate, où votre inattention nous conduiroit. Dans quel embarras ne jetterions - nous pas les confciences timorées, fi nous compromettions le fondement légitime avec l'idée métaphyfique de la loi naturelle, qui peut s'interpréter fi diverfement par les hommes, qu'il a fallu, pour fixer leur conduite, des loix pofitives auxquelles ils doivent obéir aveuglément, quand elles font établies par une autorité légitime ? Comment prétendriez - vous qu'on pût accorder une partie de ces loix, tant canoniques que civiles, avec l'idée vague de la loi naturelle ?

Ne

Ne feroit-il pas extrêmement dangereux d'entrer dans cet examen? Dans tous les Gouvernemens, même dans le gouvernement Théocratique, les loix ne se font-elles pas prêtées à la foibleffe humaine? N'y trouve-t-on pas des vertus interdites & des vices permis *ad duritiam cordis*? La vertu eft dans l'ordre parfait, ce que font les alimens dans l'état de fanté, & les vices légitimes (je ne dis pas les crimes) ce que font les remèdes dans l'état de maladie. C'eft pourquoi dans tous les différens Gouvernemens, il y a des vices établis & des vertus profcrites par les loix. Cependant les fujets doivent obéir, c'eft ce

que vous ne pouvez me nier.
Vous croyez peut-être que vous
pourriez y apporter quelques ex-
ceptions ; vous les trouveriez
dans le Décalogue, dans les vérités divines révélées : mais ce
font auffi des commandemens
ou des loix expreffes dont on reconnoit l'autorité. Si en foute-
nant l'autorité de la légiflation,
il vous paroît qu'on oublie la loi
naturelle ; c'eft que vous avez oublié vous-même l'autorité des
loix pofitives, à laquelle les hommes font indifpenfablement &
fouverainement affujettis. Ils n'ont
certainement pas droit d'y con-
trevenir par l'intervention de
leurs idées abftraites du jufte ou
de

de l'injuste absolu: car une idée abstraite, quelque claire qu'elle soit, n'est point liée à l'ordre des causes qui déterminent l'établissement des loix civiles & canoniques. Quand vous ferez attention aux droits de Dieu sur les créatures, aux droits d'un père sur ses enfans, aux droits de la société sur la chose publique, aux droits du Souverain sur ses sujets, aux droits des sujets sur leurs propriétés, aux droits réciproques des gens, aux degrés de supériorité & de subordination de ces droits, aux circonstances & aux forces naturelles ou physiques qui en dérangent l'ordre, vous appercevrez une telle compli-

D 6

plica-

plication d'idées & d'objets réels, que vous conviendrez que l'application de l'idée métaphysique de la loi naturelle, ne doit pas être abandonnée à la décision abstraite des particuliers qui composent les sociétés.

D'ailleurs, mon Révérend Père, il ne tenoit qu'à vous de voir, dans l'ouvrage, que si une bonne législation mène plus surement à la vertu que les préceptes des fausses Religions, nulle législation n'est aussi propre dans tout pays & dans tout Gouvernement, à rendre les vices rares & les vertus communes, que la Religion Chrétienne : ce sont les propres termes de l'Auteur. Je ne sçais

pas

pas fi c'eſt là une précaution familiére aux incrédules, je connois peu leurs ouvrages; mais je ſçais certainenement, mon Révérend Père, que ſuppoſer à qui que ce ſoit de mauvaiſes intentions, contre ſes expreſſions formelles, & ſupprimer ſes expreſſions pour rendre ſes intentions odieuſes, cela eſt également contraire à la loi naturelle, aux loix poſitives, & à la loi Chrêtienne, qui ſe réuniſſent toutes là - deſſus.

Après ce début général, vous indiquez ſéparément, mon Révérend Père, pluſieurs objets de critique fort importans, & certainement préſentés de maniére à donner mauvaiſe opinion de l'Aul'Auteur & de son ouvrage.

1°. Dites-vous, *la spiritualité de l'ame y est mise au nombre des hypothèses & le matérialisme y est clairement insinué.*

Votre prudence & votre équité devoient modérer le grief d'une imputation aussi outrageante par l'exposition exacte des sentimens de l'Auteur. En parlant des hypothèses des Philosophes sur la matérialité ou l'immatérialité de l'ame, il s'explique assez clairement pour ne laisser aucun soupçon sur sa croyance.

» J'observerai seulement à ce » sujet, dit-il, que, si l'Eglise » n'eût pas fixé notre croyance » sur ce point, & qu'on dût,

» par

» par les seules lumiéres de la rai-
» son, s'élever jusqu'à la connois-
» sance du principe pensant, on
» ne pourroit s'empêcher de con-
» venir que nulle opinion en ce
» genre n'est susceptible de dé-
» monstration.

Prétendez-vous, mon Révé-
rend Père, soutenir que l'évidence de l'immatérialité de l'ame
soit un article de foi? Mais ceux
qui regardent l'immatérialité de
l'ame comme un article de foi,
pensent au contraire que cette
connoissance n'est pas évidente
puisqu'elle est révélée par la foi.
Or sans la révélation que pourroient être les idées des hommes
sur ce point, sinon des *hypothèses?*

ses ? Que peuvent être encore aujourd'hui celles des infidèles, sinon des *hypothèses* ? Mais c'est contre votre conscience que vous avez insinué que c'est aussi une *hypothèse* dans l'esprit de l'Auteur que vous tâchez de flétrir.

2°. *On y réduit toutes les facultés de l'ame à sentir, ce qui est détruire toute idée claire, toute évidence : car le sentiment est toujours obscur.*

S'agit-il ici, mon Révérend Père, d'un article de foi, ou de votre opinion ? Vous deviez vous expliquer pour échapper au reproche qu'on pourroit vous faire de manquer un peu de droiture dans les moyens que vous em-

ployez

ployez pour diffamer l'Auteur que vous attaquez fous prétexte de Religion. L'opinion dont il eſt ici queſtion, eſt celle des auteurs les plus célèbres & les moins ſuſpects d'irréligion ; du moins cela eſt-il vrai à l'égard du P. BUFFIER Jéſuite. (*) Votre Société n'a

(*) Il établit ce ſyſtême en pluſieurs endroits de ſa Métaphyſique ; à la fin de ſa Logique, il fait exprès une digreſſion ſur l'origine de nos idées. Il s'exprime ainſi en répondant à Mr. de CROUZAS. ,, Comment penſerois-je ſi ,, je n'avois point de corps ? c'eſt ce ,, qu'il faudroit m'apprendre avant que ,, de me réſoudre à penſer, comme s'il ,, n'y avoit point de corps ; mais c'eſt ,, ce que l'on ne m'apprendra pas, par-
,, ce

n'a jamais désapprouvé ses idées sur les sensations, ni les louanges qu'il prodigue à LOCKE en l'opposant avec tant de succès au P. MALLEBRANCHE. Il n'en est pas de même de vôtre opinion. Elle détruiroit toute évidence des sens qui selon vous ne produisent qu'un sentiment *toujours obscur.* Dans quel abyme de doute votre doctrine ne nous jetteroit-elle pas par rapport à la Religion? *fides ex auditu.* Que devroit-on penser de toutes les instructions reçües par la parole, par l'écriture,

       „ ce que nous n'avons de *pensées* & de
       „ connoissances que par l'usage des sens,
       „ qui font une partie du corps.

ture, par le témoignage des fens ?
On voit que votre ardeur à pour-
fuivre l'Auteur du livre *de l'Efprit*, vous a porté à des excès
beaucoup plus reprochables &
plus dangereux que ceux que
vous prétendez combattre.

3°. *La tolérance univerfelle
qu'on y préconife, n'eft au fond
que le cri & le vœu d'une indifférence totale en matière de Religion.*

Vous n'appercevez pas, mon
Révérend Père, que vous con-
fondez ici l'indifférence en matiére de Religion, avec la paix
de Religion, pour laquelle l'Auteur fe déclare en défaprouvant
les perfécutions. Cette diftinction

étoit

étoit pourtant bien nécessaire.
Peut-on être regardé comme indifférent sur la Religion, lorf-
qu'on s'élève contre les perfécutions ? N'eft-ce pas avouër plutôt que la Religion n'eft indiffé-
rente ni en elle-même, ni dans
la confcience de ceux qui la profeffent ? Ceux au contraire qui
perfécutent un homme qui ne
profeffe pas la même Religion
qu'eux, qui veulent lui arracher
une confeffion parjure, qui le
forcent à des œuvres facrilèges;
ceux là, mon Révérend Père,
ne femblent-ils pas établir cette
conduite fur des idées peu con-
féquentes aux objets que fe doit
propofer un zèle charitable &
éclai-

éclairé. L'indifférence peut-elle être reprochée à ceux qui soutiennent qu'on ne peut éviter à la Religion ces outrages & conserver à l'Etat des hommes qui sont dans l'erreur, que par la tolérance civile, qui proscrit l'injure & contient l'erreur dans le silence.

4°. *La vraie notion de la liberté*, dites vous, mon Révérend Père, *telle qu'on doit l'admettre pour les moralités des actions humaines, y est considérablement altérée.*

Mon dessein n'est pas d'entrer avec vous dans les combats théologiques sur la nature & l'étendue du pouvoir de la liberté.

Ces

Ces combats font trop périlleux. Je me bornerai à l'idée métaphyfique de la liberté; & pour éviter toute difcuffion, je me fixerai à la définition vulgaire enfeignée dans les écoles, & dans les livres mêmes d'inftitutions philofophiques deftinés à leur ufage. *Libertas eft potentia rationalis ad oppofita* : ce qui paroît fignifier que *la liberté eft le pouvoir qu'a l'ame de délibérer pour fe déterminer avec raifon à agir ou à ne pas agir.* Il y a donc dans la liberté, *pouvoir & intelligence.* Mais de quelle nature peut être ce pouvoir? Eft-ce une force motrice ou phyfique? Il me femble que ce genre de pouvoir ne peut pas

être

être attribué à l'ame. Du moins un tel pouvoir n'a-t-il aucun rapport avec la liberté dans laquelle on ne peut reconnoître qu'une force d'intention tendant à un choix, par raison de préférence. C'est donc la force d'intention & la raison de préférence qui constituent le pouvoir effectif de la liberté d'un être intelligent, lorsqu'il délibère pour se déterminer avec raison. Ainsi ce pouvoir effectif (car je ne parle pas ici de la simple aptitude ou de la simple capacité de ce pouvoir, parce qu'il s'agit de la liberté même) ce pouvoir effectif, dis-je, renferme donc la force d'intention & le motif qui intéresse l'ame, me, & qui la porte à délibérer. Ainsi l'exercice régulier de la liberté a pour objet l'intérêt bien entendu : d'où il résulte que l'exercice régulier de la liberté n'est essentiellement qu'un acte de l'intelligence éclairée : aussi les enfans, les imbécilles, les fous ne sont-ils point reconnus pour des hommes libres. Or voilà précisément les idées de l'Auteur à qui vous reprochez d'avoir altéré la vraie notion de la liberté, quoiqu'à ses idées, il ajoute d'après S. PAUL, quant au surnaturel, l'expression du respect religieux pour la profondeur de cette matiére.

5°. *La probité & la justice*, a-joutez

joutez-vous, mon Révérend Père, *font regardées dans ce livre,
comme de purs effets de la fenfibilité phyfique & de l'intérêt.*

Cette imputation n'eft pas é-
noncée de manière à préfenter
des idées affez nettes. Parlez-vous
ici des idées ou des actes de probité & de juftice ? Les idées de
la juftice & de la probité doivent fe rapporter à l'évidence, &
les actes doivent fe rapporter à
la liberté. Dans l'un & l'autre cas
que trouvez - vous dans le livre
de l'Efprit qui foit contraire à
la vérité & à la morale ? Seroit-
ce fon opinion fur la nature de
l'évidence ? Mais avant que nous
puiffions adopter la vôtre, il faut

E

que

que vous ayez la bonté de nous l'expliquer, & que vous difiez fincérement fi vous la foutenez comme de foi : car il eft important de ne pas confondre dans vos imputations les vérités de Religion avec les opinions philofophiques.

6°. Les paffions y font tellement exaltées, qu'on traite de ftupide quiconque ceffe d'être paffionné.

Vous ne pouvez pas vous diffimuler que dans le langage philofophique, & notamment dans le livre dont il eft queftion, le mot de *paffions* ne fignifie pas les affections déréglées, mais fimplement les affections vives de l'ame, qui peuvent devenir cri-
minel-

minelles ou vertueuſes ſelon leur objet. Or ſous ce point de vuë pouvez-vous douter que l'activi-té morale ne ſoit le principe des qualités & des vertus morales, comme la ferveur eſt la ſource des vertus chrétiennes; ferveur & activité, paſſions précieuſes qui font les Saints & les grands hommes. La tiédeur eſt abhorrée dans la piété. L'inertie doit être proſcrite par la morale humaine, & par la politique. Ferez vous des guerriers redoutables ſans un amour vif de la gloire? des commerçans induſtrieux ſans un déſir vif des richeſſes? &c. Vous ne pouvez pas vous cacher, mon Révérend Père, que c'eſt dans

E 2

ce

ce fens que l'Auteur dit que les paſſions ſont les contrepoids qui meuvent le monde moral.

Le reſte de vos imputations eſt ſi vague, qu'on ne peut pas y répondre d'une manière préciſe. Vous dites qu'on trouve dans ce livre des principes dont on pourroit tirer de mauvaiſes conſéquences. Mais quels ſont les principes dont on ne tire pas de mauvaiſes conſéquences, quand on veut en abuſer? Vous dites qu'en parlant contre les détracteurs de la ſcience, l'Auteur ne diſtingue pas la fauſſe curioſité d'avec les études louables; mais que m'importe? Parmi les ſçavans que ces détracteurs ont perſécutés, je vois

vois qu'il cite SOCRATE, GA-
LILE'E, DESCARTES. Ces gens-
là n'avoient-ils qu'une fausse cu-
riosité ? Vous condamnez la logique de l'Auteur sur les conclu-
sions du particulier au général.
Je vous conseille cependant,
mon Révérend Père, de vous
déterminer à ne jamais conclure
autrement, quand vous raison-
nerez d'après des faits. Comme
il n'est pas aisé d'avoir tous les
faits particuliers possibles qui concourent à former un résultat général, il faut bien se contenter
d'en avoir une quantité suffisan-
te pour établir une probabilité;
Alors, quoi qu'en dise la Logique,
on fait bien de conclure, & l'on

a très bien raifonné. Au refte, mon Révérend Père, je ne me mêlerai pas de défendre *le livre de l'Efprit* fur les critiques phi-lofophiques ou litteraires : c'eft à l'ouvrage à fe défendre lui-même de ce côté-là. Mais qui pourroit ne pas juftifier avec zèle un Citoyen eftimable, lorfque fon honneur & fa Religion font attaqués par des imputations in-juftes ?

J'ai l'honneur d'être, &c.

ANA-

ANALYSE

De la Lettre précédente, *faite par le* Journaliste de Trévoux.

CEtte lettre a été faite pour la défense *du Livre de l'Esprit* : preuve manifeste qu'on défend tout ce qu'on veut, quand on ne s'embarrasse point de dire des vérités, & qu'on garde *l'incognito.* (a)

Elle n'attaque point les grandes Analyses que nous avons données *du Livre de l'Esprit*, dans nos *Mémoires d'Octobre & de Novembre.* Elle s'attache à la petite Notice insérée *vers la fin du*

E 4

Jour

(a) Que veut dire ce regret de *l'incognito* ? C'est au moins une imprudence de la part du Journaliste. Que fait un nom à la vérité ? C'est d'elle uniquement dont il s'agit.

Journal de Septembre : Notice deſtinée à faire connoître ſommairement *que l'eſprit* n'étoit ſûr ni en Métaphyſique, ni en Religion, ni en Morale, ni en Politique.

Nous commencions cette critique littéraire par déſirer que *l'Auteur de l'Eſprit* eût voulu nous inſtruire *des devoirs qu'impoſe la Loi Naturelle, de la diſtinction primitive & eſſentielle du bien & du mal,* &c. Sur quoi on vient ici nous diſputer tous les *premiers principes des loix.* On nous dit que *l'idée de la loi naturelle eſt vague, abſtraite, nullement liée aux cauſes qui déterminent l'établiſſement des loix poſitives.* On prétend que la *loi naturelle s'interprète diverſement par les hommes ;* que par cette raiſon, *il a fallu des loix poſitives pour fixer leur conduite.* On ajoute qu'*il y a dans tous les Gouvernemens des vices établis & des vertus proſcrites par les loix ;* qu'il

faut

faut néanmoins *obéir aveuglément*, &c.

Qu'eſt-ce que toute cette doctrine? quelle préciſion, quelle netteté, quelle lumiére y remarque-t-on? Selon tous les maîtres de la morale, la loi naturelle eſt ce flambeau (*b*) intérieur que Dieu donne à l'homme pour lui ſervir de guide. Cette loi eſt très claire & très diſtincte dans ſes principes. Qui peut ignorer, par exemple, qu'on doit un tribut d'hommage & d'amour au Créateur? qu'on eſt obligé d'épargner aux autres le mal auquel on ne voudroit pas être expoſé ſoi-même, que la bienfaiſance, la libéralité, la compaſſion pour les malheureux, la reconnoiſſance des ſervices, ſont des qualités

E 5

aima-

_____

(*b*) Voyez ci-après les remarques ſur la loi naturelle.

aimables (*c*) &c. ? La loi naturelle eſt la baſe de toutes les loix poſitives : c'eſt elle qui autoriſe les Légiſlateurs, qui leur ſoumet les eſprits & les volontés. Ce qui *s'interprète diverſement* dans la loi naturelle, ce n'eſt ni ſon exiſtence, ni ſa force, ni ſa clarté, ni l'enſemble de ſes principes ; ce ſont les conſéquences éloignées, compliquées, raiſonnées. C'eſt ſur cela qu'ont travaillé les Légiſlateurs. Leurs loix doivent être reſpectées & maintenues : qui en doute ? Mais on préſuppoſe toujours que ces loix ſont ordonnées à des fins légitimes ; qu'elles ne contrediſent aucunes loix ſupérieures, dont la premiére eſt la loi

(*c*) Le Journaliſte pour mieux prouver ſon idée devoit ajouter à ces lumiéres naturelles la contrarieté morale, ou l'oppoſition de pluſieurs devoirs entr'eux, la prédilection, l'imputation, la perſécution, & autres cas qui lui ont paru s'accorder ſi facilement avec la juſtice.

loi naturelle (*d*). On ne met point au nombre des bons Gouvernemens ceux où les *vices* font *établis & les vertus profcrites par les loix.* Vainement l'Auteur de la Lettre cite-t-il l'*ad duritiam cordis* des livres faints (*e*) : ce mot n'a été dit que de la répudiation qu'on voit expliquée au 24e. chapitre du Deutéronome. Or felon beaucoup d'Interprètes & de Théologiens, cette loi de la répudiation n'exemptoit que de la peine portée contre les adultères, & non du péché dont on fe rendoit toujours coupable en violant la loi primitive de l'in-

E 6

diffo-

(*d*) Sans doute parce que ces loix doivent être juftes par les caufes mêmes qui déterminent leur établiffement, & c'eft ce qu'on difoit.

(*e*) Il auroit pû citer mille autres caufes, & particuliérement les infpirations dont le Journalifte parle dans ce volume, page 559. Elles font fort difficiles à concilier avec la loi naturelle & avec le Décalogue.

diſſolubilité du mariage. Il y a encore d'autres commentaires ſur la répudiation & ſur le mot *ad duritiam cordis*; mais aucun ne porte à croire que la loi Moſaïque ait *établi* ou même *permis* directement *des vices*, qu'elle ait *interdit* & *proſcrit des vertus*. Nous ferions un livre, ſi nous voulions diſcuter tous ces objets, éclaircir toutes les obſcurités répandues dans la lettre qu'on nous adreſſe, montrer les contradictions qu'elle renferme, déduire les conſéquences pernicieuſes qui ſont liées immédiatement aux principes qu'elle hazarde.

Nous avions reproché à l'Auteur *de l'Eſprit* ſon matérialiſme : en quoi nous ſommes très ſurs d'avoir penſé comme tous ceux qui ſe ſont élevés contre ce dangereux livre. Or voici l'apologiſte qui nous demande ſi nous *prétendons ſoutenir que l'évidence de l'immatérialité de l'ame ſoit un article de foi?* Queſtion

très

très mal énoncée (*f*) : il falloit demander simplement, *s'il eſt de foi que l'ame eſt immatérielle* ; & nous répondrions très affirmativement, ſans renoncer toutefois à l'avantage de regarder cette même vérité comme démontrée en Métaphyſique : car ceci eſt un des cas où la foi & la Philoſophie ne s'excluent point, parce que chacune a ſes motifs propres ; ſçavoir , la révélation d'une part , & le raiſonnement de l'autre.

Mais , ajoute-t-on , *ceux qui regardent l'immortalité* (*g*) *de l'ame comme un article*

(*f*) La queſtion eſt très bien énoncée. L'Auteur *de l'Eſprit* convient avec le Journaliſte , & avec tout le monde , que l'ame eſt immatérielle. Il eſt queſtion ici de ſçavoir s'il eſt de foi que cette immatérialité ſoit démontrée par la raiſon.

(*g*) L'immortalité eſt viſiblement ici une faute d'impreſſion , qui cependant ne brouil-

ticle de foi, penfent au contraire que cette vérité n'eft pas évidente, puifqu'elle eft révélée par la foi. On brouille encore tout dans cette objection ; il s'agiſſoit plus haut de *l'immatérialité*, & l'on parle ici de *l'immortalité* : deux chofes aſſez différentes pour n'ètre point confondues dans un écrit polémique. Et l'on n'explique point encore ce qu'on entend par *immortalité* : ce mot a deux fens ; il fignifie, & ce qui n'a en foi aucun principe de diſſolution, & ce qui doit fubfifter éternellement. Il eft vrai que dans ces deux fignifications l'immortalité

le qu'autant que le Journalifte brouille tout lui-même : l'objection n'en tombe pas moins fur l'immatérialité, qui eft également décidée par la foi. Il élude la queftion, en difant qu'une vérité, entant que révélée, n'eft pas évidente. L'immatérialité de l'ame n'eft donc pas évidente, entant qu'elle eft révélée.

lité de l'ame eſt un point révélé par la foi ; mais entant que révélé , il n'eſt point évident ; la révélation faiſant connoître ſimplement qu'une telle choſe eſt, & non ce qu'elle eſt dans ſa nature.

L'Auteur de l'Eſprit réduit toutes les facultés de l'ame à *ſentir*. Et nous avons conclu de cette doctrine, qu'il n'y avoit ni idée claire, ni évidence, *puiſque le ſentiment eſt toujours obſcur*. Tout cela eſt certain dans les principes de la ſaine Philoſophie : car le ſentiment interne, quoique très certain & très infaillible, n'éclaire pourtant point l'eſprit ſur la nature des objets (*h*). On a , par exemple, une ſenſa-

(*h*) Il ne falloit pas conclure que le ſentiment eſt toujours obſcur, puiſque c'eſt par lui que nous ſommes conduits, ſans obſcurité, à la certitude des vérités de la foi &c. Sont-ce des idées innées qui nous éclairent ſur la nature des objets ?

sensation de chaleur, de lumiére, de couleurs, &c. On ne peut douter que cette affection ne soit présente à l'ame, & l'on ne peut expliquer cependant, au moyen de cette affection, ce que la chaleur, la lumiére, les couleurs sont en elles - mêmes. Voilà tout ce que nous avons voulu dire, & cela n'est assurément pas d'une Métaphysique fort recherchée & fort difficile à saisir. (i)

Que fait l'Apologiste ? il nous demande encore *s'il s'agit ici d'un article de foi ?* A quoi nous répondons que, comme la doctrine du *livre de l'Esprit* sur le sentiment, ou, comme il s'exprime, sur la *sensibilité physique*, est le fondement de son matérialisme ; en ce sens on ne peut disconvenir que cette doctrine n'intéresse la foi. Eh ! que seroit l'hom-

______

(i) On convient avec le Journaliste que la Métaphysique n'est pas fort recherchée.

l'homme s'il n'étoit capable que de fentir ? il n'y auroit en lui ni liberté, ni principe de mérite, ni vertu réelle : (*k*) & c'eft bien auffi ce que prétend *l'Auteur de l'Efprit*. En cela, comme en tout le refte, nous ne lui prêtons aucunes *intentions odieufes*. Son livre ne parle que trop. Mais, ajoute-t-on, le P. Buffier a tenu la même opinion ; Il enfeigne que nous n'avons de penfées & de connoiffances que par l'ufage des fens, qui font une partie du corps. Eh bien ! cela prouve-t-il que toutes les facultés de l'ame fe réduifent à fentir ? le Père Buffier entend que l'ufage de nos fens eft la caufe occafionnelle de ce qui fe paffe dans notre ame : Il ne prétend, ni que

(*k*) Ainfi le Journalifte décide que tous les Pères de l'Eglife, les Docteurs, &c. qui avant Descartes ne connoiffoient pas les idées innées, n'admettoient point la liberté, &c.

que les fens foient la caufe efficiente de nos penfées, ni que le jugement, le raifonnement, la réminifcence, l'action de notre libre arbitre, qu'en un mot, toutes les opérations de notre ame foient confondues avec le fentiment.

On nous dit que notre opinion appointée contre celle *de l'Efprit* détruiroit *toute évidence des fens, & que ce feroit là un abyme de doutes par rapport à la Religion.* Mais quel abus des termes! 1°. Il n'y a point, à parler en rigueur, d'*évidence des fens*; il y a fimplement *certitude* dans le témoignage qu'ils rendent. L'évidence eft refervée à l'idée claire, quoi qu'en dife l'*Auteur de l'Efprit*, qui ne s'eft guères embarraffé de *mettre une enfeigne à l'hôtellerie de l'évidence*: c'eft l'expreffion dont il fe fert lui-même. 2°. En niant que toutes les facultés & toutes les opérations de l'ame fe réduifent à fentir, on n'infirn'infirme point le témoignage des fens, on l'établit au contraire, puifqu'on maintient dans l'ame la liberté & le pouvoir de juger, de raifonner, de fe déterminer d'après les fenfations occafionnées par le témoignage des fens.

L'Auteur anonyme de la lettre prétend excufer la tolérance univerfelle qui perce de toutes parts dans le livre *de l'Efprit*. Cette tolérance, dit-on, ne marque aucune indifférence pour la Religion, c'eft feulement l'effet d'une inclination pacifique &c. Ceci eft fingulier. Le livre *de l'Efprit* abonde en principes tout-à-fait contraires aux dogmes & à la morale du Chriftianifme. Il qualifie fans ceffe de *fuperftition* la piété & le zèle. Il ne reconnoit d'autre reffort dans l'homme que *l'intérêt & la paffion*. Il affure que *les plaifirs des fens font l'unique objet des défirs de l'homme*: ce qui entraîne l'extinction de tout fentiment

pour

pour Dieu, de toute tendance vers la vie future. Il trouve chez les Turcs, les Chinois matérialiftes, les Saducéens ennemis de l'immortalité de l'ame, les Gymnofophiftes toujours accufés d'athéïfme, autant de motifs pour pratiquer la vertu que chez les Chrêtiens. Et l'on veut nous perfuader que cet écrivain n'annonce point l'indifférence totale en matiére de Religion? Que ne dit-on plûtôt qu'il auroit fallu faire une critique plus forte fur cet article & fur d'autres? Mais ce qui manque à la *Notice de Septembre* fe trouve dans nos *extraits d'Octobre & de Novembre.*

Que penfe l'anonyme de la liberté, objet fi peu & fi mal ménagé dans *le livre de l'Efprit?* L'apologifte en réduit l'exercice à un acte de *l'intelligence éclairée fur fon intérêt.* (1) D'où il faudroit

conclure,

(1) *Bien entendu* eft fupprimé ; pourquoi ?

conclure 1°. qu'il n'y auroit jamais de choix véritable : ce qui eſt bien évident, puiſqu'à la préſence des motifs qui favoriſeroient l'intérêt, il ſeroit impoſſible de ne pas ſuivre cette lumiére. (*m*) 2°. Que deux hommes également éclairés choiſiroient toujours de la même façon, ce qui eſt manifeſte par l'énoncé même des termes. 3°. Que la volonté ne s'égareroit jamais : & quels égaremens en effet pourroit-on craindre dans l'hypothèſe *d'une intelligence éclairée?* Mais enfin quelle liberté peut donc compatir avec un ſyſtème où tout eſt *ſenſibilité physique*, où tout ſe gouverne par attraction comme les corps, où la paſſion néceſſite à l'amour du vice ou de la vertu? &c.

Et

______

(*m*) Voyez les étranges conſéquences de ces concluſions du Journaliſte dans les remarques ſur la liberté.

Et ſur les paſſions que nous dit la lettre ? Cet article ſeroit riſible s'il s'a-giſſoit d'objets moins importans. L'Au-teur voudroit nous faire accroire qu'il n'y a que les affections vives de l'ame, & non les affections déréglées, qu'on exalte dans le livre *de l'Eſprit*. Mais on citeroit cent endroits de cet ouvrage, où les paſſions, ou ce qui eſt la même choſe, les affections les plus féroces, les plus honteuſes, les plus revoltées contre la raiſon, reçoivent des éloges. Briſons ſur ce point, qui fera toujours le déſeſpoir d'un apologiſte de ce livre trop fameux.

Il contient véritablement, comme nous l'avons obſervé, des principes d'où peu-vent naître quantité de conſéquences très préjudiciables au bon ordre & à la paix des Etats. L'Apologiſte oſeroit-il bien prendre la défenſe de ce que dit *l'Eſprit* dans le Chapitre *de la puiſſance des paſ-ſions ?*

fions? (*n*) Croiroit-il pouvoir juftifier les anecdotes qu'on cite de DICEARQUE, d'OMAR, de la femme Chinoife, d'HELVIDIUS &c. *& la fauffe-curiofité* qui contribue tant à faire des matérialiftes, des Déiftes, des inventeurs de fyftêmes abominables ; & la mauvaife manière de conclure du particulier au général, d'imputer, par exemple, à l'Eglife ce qu'un fimple tribunal d'Inquifition ordonna fur GALILE'E (*o*), & mille traits enve-

(*n*) Voyez les remarques fur les paffions : on ne peut-voir ici fans indignation celle qui agite le Journalifte.

(*o*) Le Journalifte trouve mauvais qu'on foutienne que l'Eglife n'a pas droit de décider fur les connoiffances naturelles. Il rejette l'erreur du jugement qu'on rapporte fur l'invalidité du tribunal qui a prononcé, & qui cependant a droit de perfécuter. Mais défendra-t-il mieux le décret du Pape ZACHARIE

envenimés qu'on lance contre les Mini-
ſtres de la Religion, contre la piété,
contre le zèle &c. L'Auteur de la lettre
ſe chargeroit-il bien de les appuyer, ou
même de les excuſer?

RIE contre VIRGILE, qui ſoutenoit l'exiſtence
des Antipodes? „ Il faut, dit ce Pontife, le
„ ſéparer de l'Egliſe dans un Concile, après
„ que vous l'aurez dégradé de la Prêtriſe.
Hiſt. d'Irlande par Mr. l'Abbé Mageoghegan.

REMAR-

REMARQUES.

De la Loi Naturelle.

IL suffit de comparer la lettre adreſſée au Journaliſte, avec l'extrait qu'il en fait, pour que ſon infidélité ſe décéle aux yeux les moins clairvoyans. Il voudroit faire entendre que l'Auteur de la lettre nie l'exiſtence de la Loi naturelle, parce qu'il établit & fait ſentir la néceſſité des loix poſitives, pour aſſurer la conduite des hommes dans les circonſtances les plus importantes: *Cette Loi*, dit le Journaliſte, *eſt très claire & très diſtincte dans ſes*

F

prin-

principes. Qui peut ignorer, par exemple, qu'on doit un tribut d'hommages & d'amour au Créateur; qu'on est obligé d'épargner aux autres le mal auquel on ne voudroit pas être exposé soi-même.? &c.

Cette doctrine lumineuse qu'étale ici le Journaliste doit sans doute faire regretter qu'il n'ait pas poussé plus avant ses recherches, & qu'il ne les ait pas appliquées à quelques circonstances moins vagues & plus positives. Les Rois excommuniés & déposés, les Royaumes interdits, les sujets déliés du serment de fidélité, des Croisades établies contre des Princes légitimes, les peuples forcés sous peine d'excommunimunication à prendre les armes contre leurs Souverains ; voilà de ces problêmes que le Critique devoit se proposer, & sur lesquels on lui auroit eu obligation de s'expliquer nettement : ce sont des cas, malheureusement trop fréquens, sur lesquels les peuples ont eu à se décider. D'un côté la puissance Ecclésiastique menaçante & armée de foudres sacrés ; de l'autre l'autorité légitime des Rois & des Tribunaux Souverains, peuvent leur offrir différens aspects d'obligations & suspendre leur détermination.

Dans cette complication d'idées, & cette apparente contrariété de devoirs, faudra-t-il qu'ils

se

ſe décident par l'idée métaphyſique de la loi naturelle, abſtraction faite des droits des Puiſſances & des droits naturels des Nations? Ces droits s'oppoſent au
deſpotiſme d'une Puiſſance en-
tiérement étrangère aux conven-
tions primitives, & aux loix fondamentales de l'établiſſement des
ſociétés. Les ſociétés ont-elles
pû perdre ces droits inaliénables
en embraſſant le Chriſtianiſme?
L'autorité des Puiſſances eſt d'inſtitution divine, & les droits des
Nations ont la même inſtitution.
Voiez *le troiſiéme livre des Rois,
Chap. 21, & l'Epitre aux Romains Chap. 13.* Voilà l'ordre naturel établi par les loix univer-
ſelles

felles de la jurisprudence divine confidérée dans les rapports essentiels qui constituent le juste & l'injuste. Or les esprits bornés, les ignorans, pourront-ils dans les cas compliqués démêler clairement leurs devoirs & leurs droits par la notion abstraite du juste & de l'injuste?

Le juste & l'injuste sont des termes relatifs à tous les différens cas qui en déterminent essentiellement la signification & l'objet. L'expérience ne nous prouve que trop jusqu'à quel point des esprits artificieux ont trompé les hommes par la fausse interprétation de l'idée abstraite de la

Loi

Loi naturelle. (*a*) Mais confidérons cette loi divine rélativement à la confcience de chaque homme, & rélativement à la légiflation, afin de réduire le Journalifte à des idées exactes fur cette matiére. *La Loi naturelle, dit - il, eſt ce flambeau intérieur que Dieu donne*

(*a*) Certains fanatiques de nos jours, qui fe donnent pour les fuccefleurs des *Arnaud* & des *Nicole*, & qui deshonorent ces noms à jamais refpectables, prétendent que fous la Loi nouvelle Dieu difpenfe de la Loi naturelle, comme il en a difpenfé, fous la Loi ancienne, Judith, & tous les infpirés : en conféquence ils fe permettent mille horreurs fous prétexte d'infpiration. D'un autre côté un directeur Jéfuite avoit perfuadé

donne à l'homme pour lui servir de guide. Quel langage pour un homme qui s'est chargé de la fonction de Critique ! *Le flambeau est la lumiére qui éclaire, & qui fait appercevoir la loi que le Créateur a instituée ;* mais la lumiére qui fait appercevoir la loi n'est

F 4

pas

dé à un troupeau de filles qu'elles ne pouvoient s'assurer d'avoir recouvré leur innocence naturelle que par l'oubli de la honte, premier effet de la perte de cette innocence ; ainsi il avoit des parfaites à différens degrés, & le terme extrême de la perfection consistoit à ne plus rougir d'une nudité complette. On pourroit multiplier à l'infini les exemples scandaleux d'interprétation, ou de dispense de la loi naturelle.

pas elle-même cette loi. *Le flam-*
beau, c'eſt la raiſon que Dieu a
donnée à l'homme, pour pénétrer dans l'ordre même des réalités morales, & pour y reconnoître la régle qui lui eſt preſ-
crite.

La Loi naturelle ne peut donc
pas ſe rapporter à une idée métaphyſique vague & abſtraite,
puiſqu'il faut que dans toutes les
circonſtances la raiſon embraſſe
l'ordre actuel de toutes les réalités morales qui doivent concourir à la décider. Ce n'eſt pas la
lumiére ni le ſentiment intime
de la loi qui guident uniquement
l'homme dans ſes délibérations.
Le ſentiment intime l'avertit, la

lumié-

lumiére l'éclaire; mais il faut de plus que les senfations repréfen- tatives des objets lui fourniffent les motifs de bien & de mal phy- fique, de bien & de mal moral, qui déterminent fes volontés dé- cifives. La raifon humaine n'eft pas infaillible dans l'examen des cas un peu compliqués. Chaque homme, plus ou moins inftruit, & diverfementintéreffé par les motifs qui le follicitent, n'eft pas toujours affez clairvoyant ni affez tranquille pour fe décider clairement & ri- goureufement par la Loi naturelle.

Les hommes font donc expo- fés, chacun en particulier, à ex- pliquer diverfement les intentions de l'Etre fuprême qui fe mani-

F 5   feftent

feftent à eux par l'ufage de leur raifon.

Le Journalifte oferoit-il affurer que ceux mêmes qui ont fans intérêt hazardé tant de décifions contre la Loi naturelle, qui l'ont interprétée d'une façon fi extraordinaire, comme la plûpart de ces Cafuiftes que *le Provincial* a tant cités, fuffent tous de mauvaife foi ? Dans le grand nombre n'en eft-il pas quelques-uns qui n'ayent fait que fe méprendre fur l'application de l'idée abftraite du jufte & de l'injufte, fur l'interprétation des volontés de l'Etre Suprême rélativement à l'ordre moral ; mais il faut diftinguer l'ordre moral primitif d'avec l'ordre

dre moral politique. Le premier consiste à aimer Dieu par-dessus toutes choses & notre prochain comme nous-mêmes : l'autre a pour objet le bien général d'une société gouvernée par une autorité souveraine, conformément aux droits de la nature & des gens.

L'Auteur du livre de l'Esprit n'a en vûe dans son ouvrage que cet ordre moral politique, dans lequel les hommes doivent être assujettis à des loix positives qui dirigent leurs penchans & leurs passions vers le bien général de la société. Les loix civiles positives doivent sans doute être dictées par l'équité ; mais elles ne peuvent pas supposer que ce prin-

cipe

cipe foit prédominant dans ceux à qui elles le prefcrivent. Il faut donc qu'elles cherchent à les intéreffer par des motifs plus agiffans ; & c'étoit uniquement à ce genre de légiflation que devoit fe rapporter la critique du Journalifte. Il ne s'agiffoit pas de ce que la Loi naturelle prefcrit aux particuliers, mais des moyens que les Légiflateurs ont en main pour la faire obferver. Or la connoiffance de l'homme phyfique ou animal eft néceffaire, finon pour inftruire, au moins pour former l'homme moral, l'homme fociable, l'homme patriote conduit par la fenfibilité & par l'intérêt bien entendu ; C'eft là

vifivisiblement & uniquement le but de l'*Auteur de l'Esprit* : Mais on pardonneroit au Journaliste son zèle en faveur de la Loi naturelle, si ce zèle étoit sincère. Il pouvoit n'avoir pas apperçu que *l'Auteur de l'Esprit* suppose partout la réalité des devoirs inspirés par cette loi divine. Son livre, comme le Journaliste en convient, a pour objet de prouver que les hommes peuvent être conduits à la pratique des vertus morales par de *bonnes loix* : Or de *bonnes loix* ont nécessairement un principe par lequel elles sont jugées *bonnes* ; & quel peut-être ce principe, sinon la raison universelle, la jurisprudence divine inspirée

à

à tous les hommes? S'il propofe le bien public comme l'objet vifible de la plus grande vertu, rélativement à l'Etat politique, c'eft qu'un homme, dont toutes les démarches n'auroient pour but que le bien public bien apperçû, feroit toujours jufte à cet égard, & rempliroit tous les devoirs de la Loi naturelle (*a*).

On auroit tort d'exiger d'un Critique qui fe croit intéreffé une droiture complette ; mais au moins

(*a*) Qu'y a-t-il, dit MARC AURELE, à quoi nous devions nous appliquer & qui mérite tous nos foins? Ceci feulement, d'avoir l'ame jufte & de faire de bonnes actions, c'eft-à-dire des actions utiles à la fociété.

moins l'infidélité doit-elle être adroite & colorée, & l'on ne peut voir, sans une surprise amère, ce zèle faux ouvertement démenti par le Journaliste.

Il fait servir la Loi naturelle de prétexte aux premiéres accusations qu'il intente contre *le livre de l'Esprit*; & ailleurs, dans le *Journal de Janvier* 1759. *p.* 72. *& suivantes*, il fait tous ses efforts pour infirmer l'existence de cette loi. Il acquiesce avec complaisance, il applaudit au sentiment du Père ANSALDI Dominicain, qui prétend que l'idée

» de l'honnête & de son empire
» sur l'homme n'a jamais pû être
» qu'une imagination, ou une
» en-

» entité abſtraite : idée de l'hon-
» nête en effet, qui dans le ſyſ-
» tême des Stoïciens n'étoit éma-
» née d'aucun être ſubſiſtant éter-
» nel, & ſouverainement parfait;
» qui par elle-même n'intimoit ni
» récompenſes ni châtimens ; qui
» par cette raiſon ne devoit ar-
» rêter ni les fougues de la colè-
» re, ni les attentats de l'ambi-
» tion, ni les fourberies de l'ava-
» rice, ni les folies du libertina-
» ge. Cette belle fantaiſie de
» l'honnête, dit notre Auteur,
» d'après un Anglois, cette fille
» du Ciel, dont on exalte les char-
» mes & les vertus, n'étoit pour-
» tant recherchée de perſonne,
» *parce que les Philoſophes ne lui*
» *avoient*

» *avoient pas donné de dot*, c'eſt-
» à-dire, parce que la Philoſo-
» phie s'étoit contentée de la
» louër, ſans lui départir le moin-
» dre attribut réel & efficace…
» Le Stoïcien laiſſe moins de reſ-
» ſources à la vertu que l'idolâ-
» tre, puiſqu'il y a toujours, dans
» l'idolâtrie même, un ſyſtême
» de légiſlation religieuſe, un
» corps de devoirs à remplir, une
» vie future avec ſes ſuites &c.
» Comment ſeroit-il donc vrai
» que la doctrine Stoïcienne peut
» rendre l'homme vertueux, le
» conduire au bonheur, lui ap-
» prendre du moins à ſe faire un
» fort plus ſupportable ?

On pourroit croire que ce n'eſt
qu'à

qu'à la secte particuliére des Stoïciens que le Journaliste, appuyé
du Père ANSALDI , refuse les
connoissances primitives & essentielles inspirées à tous les hommes avec la Loi naturelle. Mais
de peur qu'il ne reste là - dessus
quelqu'équivoque, il a soin d'assurer que » par les forces seules
» de la lumiére naturelle, & sans
» le flambeau de la Religion,
» l'homme ne peut s'assurer en
» cette vie qu'il sera heureux a-
» près sa mort. . . . . . Supposez,
» ajoute-t-il, que les Philosophes,
» Stoïciens ou autres , eussent des
» notions certaines sur la vie fu-
» ture, ils ne pouvoient les avoir
» qu'en conséquence de la tradi-
» tion

» tion du genre humain, & non
» par les seules forces de la raison.

» Ici le Journaliste trouve encore le P. ANSALDI trop modéré.
» L'Auteur, dit-il, insinue bien
» en cet endroit que les Philoso-
» phes n'ont eu sur ces objets que
» des doutes, (encore faut-il en-
» tendre les Philosophes les plus
» modérés, les plus sensés, les plus
» attentifs ; car la plûpart furent
» de vrais Athées, des précurseurs
» de SPINOSA, des matérialistes
» grossiers :) mais on désireroit
» que le P. ANSALDI eût bien
» fait sentir que des conjectures,
» des soupçons, des probabilités
» sur la vie & les récompenses
» futures, ne pouvoient servir de
» pré-

» préſervatif ou de remède aux
» Stoïciens contre les traverſes de
» la vie préſente. Il nous ſemble
» qu'un peu plus d'attention ſur
» ce point eût détruit juſqu'aux
» derniers retranchemens........
» C'eſt en effet un cahos que tou-
» te cette doctrine philoſophique
» des prétendus maîtres du genre
» humain. Un mot de l'Evangile
» met en poudre tout ce fatras de
» ZENON, de MARC AURELE &
» de leurs admirateurs (a).

Ces

(a) Voici donc un échantillon de ce
fatras que l'Evangile met en poudre, ſelon le Journaliſte.... Ce que la nature
& la raiſon demandent, dit MARC AU-
RELE, c'eſt que tu retiennes ton con-

ſen-

Ces aſſertions impies, indépendamment de la fauſſeté dont elles

ſelitement, que tu aimes les hommes, & que tu obéiſſes aux Dieux.

Révére les Dieux, procure le ſulut aux hommes. La vie eſt courte, & le ſeul fruit de cette vie terreſtre, c'eſt la ſainteté & les bonnes actions. Il n'y a qu'un monde qui comprend tout, qu'un Dieu qui eſt en tout, qu'une matiére, qu'une raiſon commune à tous les animaux raiſonnables, qu'une vérité & qu'une perfection pour les animaux de même eſpéce & qui participent à la même raiſon.........Ce qui eſt de la terre retournera à la terre, & ce qui eſt du Ciel retournera au Ciel.

Quand les libertins te demanderont où tu as vû les Dieux, & comment tu ſçais qu'il y en a pour leur rendre un

elles font dans le fait, & qui eft
fuffifamment prouvée par les paf-
fages

fi grand culte, tu leur répondras que
quoique tu ne voyes pas ton ame, tu
ne laiffès pas de la refpecter; qu'il en
eft de même des Dieux. Les effets
merveilleux, que tu reffens tous les jours
de leur pouvoir, te prouvent qu'ils font
& font que tu les adores.

A toute heure applique - toi fortement
à faire avec gravité, avec douceur, avec
liberté, & avec juftice, ce que tu fais,
& à éloigner toutes les autres penfées
qui pourroient t'en détourner. Or le
moyen le plus fûr de les détourner, c'eft
de faire chaque action, comme fi elle
devoit être la dernière de ta vie, fans
témérité, fans aucune revolte contre la
raifon, fans déguifement, fans amour
propre, & avec un parfait acquiefcement

aux

fages ci-deſſous, tendent ouvertement à détruire le pouvoir de
la

aux ordres des Dieux.

Un homme qui ne remet point de
jour à autre à ſe rendre plus parfait,
doit être regardé comme le Prêtre &
le Miniſtre des Dieux, ſervant toujours
la Divinité qui eſt conſacrée au dedans
de lui, comme dans un temple. C'eſt
cette Divinité propice qui le rend in-
domptable à la volupté, invulnérable
à la douleur, inacceſſible au vice, &
à tous les deſirs déréglés.

La morale d'EPICTETE, Stoïcien
ainſi que MARC-AURELE, n'eſt ni moins
admirable ni moins pieuſe que celle de
cet Empereur Philoſophe.

Tu es, dit-il, dans une place émi-
nente, & te voilà le perſécuteur & le
tyran de ton prochain! Ne te ſouvien-
dras-

la Loi naturelle, en anéantiffant la fanction qui la rend obligatoire pour

dras - tu donc plus qui tu es, & à qui tu commandes ? c'eft à tes parens, à tes frères, & Dieu eft leur père commun comme le tien. Mais j'ai acheté ma charge ; j'ai mes prérogatives & mes droits. Malheureux ! toutes tes penfées ne font que terre & que boüe. Tu ne regardes que ces miférables loix humaines qui font les loix des morts, & tu ne portes point ta vuë fur les loix du Dieu vivant.

Si tu étois une ftatue de Phidias, fa Minerve ou fon Jupiter, & que tu euffes quelque fentiment, tu te donnerois bien de garde, en te fouvenant de l'ouvrier qui t'auroit formé, de rien faire qui fût indigne de lui & de toi-même ; & tu ne voudrois pas paroître dans un

état

pour tous les hommes. Cette Loi divine, par laquelle ils discernent le

état indécent qui deshonorât ta beauté. C'est Dieu qui t'a fait, & tu ne te soucies pas en quel état tu paroisses ; tu deshonores la main qui t'a formé.

Tu réunis en toi des qualités qui demandent chacune des devoirs qu'il faut remplir. Tu es homme ; tu es citoyen du monde ; tu es fils de Dieu ; tu es le frère de tous les hommes. Après cela, selon d'autres égards, tu es Sénateur ou dans quelqu'autre dignité ; tu es jeune ou vieux, tu es fils, tu es père, tu es mari ; Pense à quoi tous ces noms t'engagent, & tâche de n'en deshonorer aucun.

Dans quelle occupation veux-tu que la mort te surprenne ? Pour moi, je voudrois qu'elle me surprît dans une

 action

le jufte & l'injufte dans l'ufage
de leur liberté, n'eft donc plus felon

action digne de l'homme, grande, géné-
reufe, & utile au public; ou plutôt,
je voudrois qu'elle me trouvât occupé
à me corriger moi-même, & attentif à
tous mes devoirs, afin que dans ce
moment je fuffe en état de lever au Ciel
mes mains pures.

CICERON, qui avoit embraffé une
autre Philofophie que la Stoïcienne,
s'exprime ainfi dans fon traité *de la vieil-
leffe*: „ Voici ce que je penfe, & de quoi
„ je me fuis convaincu. Voyant la gran-
„ de activité de nos efprits, la mémoi-
„ re du paffé, la prévoyance de l'avenir,
„ tant d'arts, de fciences fi confidéra-
„ bles, & tant de découvertes, je fens
„ qu'une nature qui renferme en foi le
„ fonds de tant de chofes ne fçauroit être
„ mortelle. Dans

lon ce Critique, qui nous en avertit expreſſément, qu'une loi illu-

G 2

foire

Dans les *Tuſculanes*, après avoir réfléchi ſur les propriétés de l'ame, il dit :
„ Jamais on ne trouvera d'où l'homme
„ reçoit ces divines qualités, à moins de
„ remonter à un Dieu. L'ame eſt donc
„ d'une ſinguliére nature, qui n'a rien
„ de commun avec les élémens que nous
„ connoiſſons. Ainſi quelle que ſoit la
„ nature d'un être qui a ſentiment, in-
„ telligence, principe de vie; cet être
„ là eſt céleſte, il eſt divin, & néceſſai-
„ rement immortel.

On pourroit citer cent paſſages de
différens Philoſophes qui ont reconnu
l'immortalité de l'ame & la ſanction d'u-
ne loi naturelle obligatoire : mais ce
petit nombre ſuffit pour montrer la fauſſeté de l'opinion du Journaliſte, dont

l'im-

foire fur laquelle on ne peut a-
voir que des doutes, & qui ne
fournit aucune *dot*, aucun fondement légitime d'efpérance. Voilà cet homme qui fait un crime
à *l'Auteur de l'Efprit* d'avoir dit
que SENEQUE n'étoit pas pleinement afuré de l'immortalité de
l'ame ; le voilà qui lui-même
vient nous enfeigner que tous les
Philofophes de l'antiquité n'ont
pu avoir là deffus que des doutes,
qui *même n'étoient que des traces
du culte primitif.* Mais fi cette connoiffance effentielle n'étoit que
tranfmife, elle n'étoit donc pas
natu-

l'impiété eft d'ailleurs flétrie par la doctrine du refpectable Clergé de France.

naturellement infpirée; elle man-
quoit donc à ceux qui avoient
perdu la trace du culte primitif.
La loi divine n'obligeoit donc
pas tous les hommes, puifqu'elle pouvoit n'être pas univerfelle.
„ Cette doctrine, dit la Faculté de
Théologie de Paris, dans la cenfure même qu'elle a faite du *livre de l'Efprit*, „ eft une doctrine
» fauffe, fcandaleufe, qui con-
» tredit la croyance univerfelle
» de tous les lieux & de tous les
» tems, oppofée aux fentimens
» des Philofophes les plus célè-
» bres de l'antiquité Payenne ;
» doctrine qui ôte à la vertu fes
» motifs les plus puiffans, & lâ-
» che la bride à tous les vices;

G 3 » qui

» qui eſt également injurieuſe à
» la ſageſſe, à la bonté & à la
» juſtice de Dieu, qui détruit
» les principes de la Religion
» naturelle &c.

Cette cenſure eſt nulle par rapport à *l'Auteur de l'Eſprit*, qui ne peut en rigueur être accuſé que d'une mépriſe ſur un doute particulier de SENEQUE; mais ne tombe-t-elle pas à plomb ſur le Journaliſte, qui careſſe avec tant de complaiſance cette idée, *que les anciens Philoſophes n'ont pû avoir que des doutes ſur l'immortalité de l'ame, & ſur les autres* vérités qui en dépendent? M. *l'Archevêque de Paris*, dans ſon Mandement ſur *le livre de l'Eſ-*
prit,

prit, enseigne & fait respecter la doctrine sacrée de la Loi naturelle. On lui doit la justice de dire, que dans l'égarement même des imputations qu'il a faites au *livre de l'Esprit*, il a conservé la pureté du code essentiel de l'humanité. » Cet amour nécessaire » de l'existence, dit le Mandement, » cette ardeur dominante » que nous éprouvons pour la » gloire, ce cri violent de toutes » nos facultés vers la possession » d'un bonheur sans bornes & » sans vicissitudes, ne sont-ce pas » autant de gages d'une vie future, autant de témoignages » sensibles & subsistans de l'im- » mortalité de l'ame ? Argumens

G 4

» in-

» infaillibles par eux - mêmes, &
» qui se présentèrent à l'intelli-
» gence humaine jusqu'au milieu
» des ténèbres de l'idolatrie. . . . .
» Que pensez - vous, mes très
» chers frères, d'un système qui
» anéantit tous les devoirs natu-
» rels de l'homme, qui supprime
» toute influence de la loi divine
» sur nos cœurs, qui combat les
» notions communes du bien &
» du mal, qui ouvre la porte
» à tous les crimes en étouffant
» la voix de la conscience ? N'é-
» coutez point de pareilles leçons,
» mes très chers frères, fuyez-les
» comme une doctrine empestée.

Cette doctrine empestée, devoit
ajouter le Mandement, est celle

d'un

d'un Journaliste qui ose soutenir
que les *Philosophes*, Stoïciens ou
autres, n'ont pû avoir des notions
certaines de la vie future, par les
seules forces de la raison ; qu'encore il n'y a que les plus modérés,
les plus sensés, les plus attentifs
qui ayent pû avoir des doutes sur
ces objets ; que le Stoïcien instruit
par la loi naturelle *laisse moins
de ressource à la vertu que l'ido-
lâtre* ; que l'Evangile *met en poudre ces vérités indéfectibles dont
brillent les écrits des anciens Philosophes*; que *cette idée de l'honnête*
(idée inspirée à tous les hommes
par les notions naturelles du juste
& de l'injuste) *n'est qu'une imagination ou une entité abstraite*,

 que

que c'est une fille sans dot, & qui par là n'est recherchée de personne. Inveterate dierum malorum, *disoit* DANIEL, à l'un de ces vieillards sacriléges qui vouloient attenter à la dignité de la vertu la plus pure qui fût en Israël, *nunc venerunt peccata tua quæ operabaris prius judicans judicia injusta.... recte mentitus es in caput tuum.*

Les Gentils, dit St. CHRYSOS-TOME cité dans le Mandement de Mr. *l'Archevêque de Paris,* blasphémoient de cette maniére. » Cette Loi, disoient-ils, n'est » point gravée dans les conscien-» ces, & Dieu ne l'a point com-» muniquée à notre nature. Mais » si cela est, reprend le saint Do-
Cteur,

«teur, » qu'eſt-ce qui a donc dé-
» terminé les Légiſlateurs des Na-
» tions à faire des loix ſur les
» mariages, ſur l'homicide, ſur les
» teſtamens, ſur les dépôts, ſur
» les droits & la ſureté des ci-
» toyens, & ſur une infinité d'au-
» tres ſujets ? Ces Légiſlateurs
» auront pû être guidés par leurs
» pères, ceux-ci par leurs an-
» cêtres, & ces derniers par d'au-
» tres encore plus anciens ; Mais
» enfin qui aura donc été le maître
» & le premier inſtituteur des loix ?
» N'eſt-ce pas la conſcience ? n'eſt-
» ce pas la Loi naturelle que Dieu
» a miſe dans l'homme en lui don-
» nant l'exiſtence & la vie ?

Cette loi divine qui oblige

tous

tous les hommes, eſt pourvue ſans doute de toutes les condi-tions qui ſont eſſentielles à une loi. En vain le Journaliſte dira-t-il qu'il a rendu hommage à l'exiſtence de cette loi. Ce n'eſt plus, comme il en convient lui-même, *qu'une loi illuſoire, qui four-nit moins de reſſources à la vertu que l'idolatrie.* Une telle Loi, *ſans dot*, ne peut être qu'*ineffica-ce & ſtérile.* Ce ſentiment, qui n'eſt pas celui des Théologiens orthodoxes, attaque la véracité de Dieu, & détruit par là l'au-thorité de l'Evangile même. Auſſi tous les Théologiens ont-ils regardé toujours la certitude de l'immortalité de l'ame comme

une

une conséquence nécessaire de la connoissance de la Loi naturelle. » Les hommes de tous les siècles » & de tous les pays, dit le *Dic-* » *tionnaire Théologique*, ont tou- » jours eu dans l'esprit que leur ame » étoit immortelle. Qu'on remon- » te jusqu'à la naissance des siè- » cles, qu'on parcoure l'histoire » des Royaumes & des Empi- » res, on se convaincra que la » croyance de l'immortalité de l'a- » me a été & est encore la croyan- » ce de tous les Peuples de l'uni- » vers. La connoissance d'un seul » Dieu a pu s'effacer sur la terre, » les hommes ont pû s'égarer, & » se sont égarés en effet, sur l'ob- » jet de la Divinité, en la mul-

tipliant;

» tipliant; mais le fentiment de
» l'immortalité de l'ame n'a pu
» s'effacer du cœur des peuples les
» plus groffiers. Ils attendent tous
» un avenir; ils fe figurent tous
» une région que nos ames ha-
» biteront après notre mort. Et
» cette croyance ne peut être un
» préjugé de l'éducation, puif-
» qu'elle eft différente, felon les
» différens pays: Ce n'eft point
» non plus une fecte, car ce dog-
» me n'a point eu de Chef, ni
» de protecteur. Cependant les
» hommes fe le font perfuadé à
» eux-mêmes.

Ces conditions néceffaires de
la Loi naturelle & divine ne peuvent être conteftées que par des
hom-

hommes attachés par intérêt à quelque fanatisme particulier. Encore ces ennemis qui la déteſtent dans le cœur ſont - ils forcés au tourment de la confeſſer de bouche. Ils n'oſent l'attaquer directement ; Ils ont l'air de la reconnoître : mais ils uſent de mille détours, pour borner ſon pouvoir & infirmer la ſanction ſans laquelle elle ne ſeroit qu'illuſoire, comme ils ſont contraints eux-mêmes de le remarquer. En effet ſi la raiſon épurée des plus grands Philoſophes n'a pû leur donner que *des doutes ſur l'immortalité de l'ame*, quels motifs la Loi de nature, intimée par Dieu même, leur auroit - elle propoſés fés pour les affujettir? Ce feroit *une fille fans dot*, comme dit le Journalifte. Mais cette opinion blafphématoire accufe & détruit la véracité & tous les attributs de l'Etre fuprême. S. J U S T I N Philofophe & Martyr va jufqu'à dire que *ceux qui fuivent la Loi naturelle font véritablement Chré- tiens; puifque* J E S U S - C H R I S T *n'eft autre chofe que ce Verbe di- vin, ce* λόγος, *& cette raifon na- turelle dont tous les hommes font participans.* Et *quicunque fecun- dum rationem & verbum vixere Chriftiani funt quamvis Athei.*

Il eft vrai cependant que cette loi divine, qui conftitue l'hom- me raifonnable & moral, qui

l'élèl'élève jufqu'à la connoiffance de l'Etre fuprême, & grave dans fon cœur l'image de la Divinité, ne s'étend pas jufqu'à l'ordre ineffable de la juftice de prédilection, jufqu'à celui des décrets irrévocables de la grace, de la prédeftination, des récompenfes deftinées au petit nombre d'élus parmi les fidéles. Ceux-ci jouïront de la vifion intuitive de Dieu, dont feront exclus tous les hommes privés des lumiéres de la révélation. (a) Cette juftice qui a choifi gratuitement & de toute éter-

____

(a) Ce fentiment paroît être celui de la plûpart des Théologiens Catholiques, quoique St. Justin foit d'un avis contraire.

éternité un petit nombre de bien-
aimés, eſt inacceſſible aux lumiéres de la raiſon humaine. C'eſt
un myſtère que les hommes doivent adorer, ſelon St. PAUL, &
qu'ils ne peuvent pénétrer.

Mais revenons à notre ſujet.
Ce Critique, détracteur de la Loi
naturelle, en profane le nom ſa-
cré, pour accuſer l'*Auteur de l'Eſprit*, & rendre aux honnêtes gens
ſa probité ſuſpecte; mais la raiſon l'abandonne, ainſi que le ſentiment de la loi, & il eſt puni de
ſes imputations par ſes écarts.
L'intérêt, dit-il, *eſt un principe très
frivole & très irréligieux; la loi
eſt antérieure & ſupérieure à tout
intérêt.* Il oublie ſans doute que

ſans

ſans intérêt elle eſt *une fille ſans
dot.* Mais écoutons ſur ce ſujet
un auteur plus profond & plus
accrédité que le Journaliſte.

» L'idée de la Loi naturelle, dit
M. HUBNER dans ſon excellent
Eſſay ſur l'hiſtoire du droit naturel,
» eſt inconteſtablement rélative à
» la nature de l'homme ; c'eſt-à-
» dire, elle ſe rapporte à ſon eſ-
» ſence ou à la conſtitution de
» ſes parties & de ſes facultés. Et
» en effet les loix naturelles ne
» ſont que le réſultat des réfle-
» xions faites ſur la nature de
» l'homme, ſur ſa conſtitution,
» ſur les rélations qu'il a avec les
» êtres qui l'environnent, & ſur
» les différens états qui en naiſ-
» ſent.   » L'hom-

» L'homme veut être heu-
» reux, & il le veut, parce qu'il
» eſt un être intelligent & raiſon-
» nable, qui par ſa nature même
» ne peut agir que dans une cer-
» taine viie. Le déſir de la félici-
» té eſt ſi intimément attaché à
» l'humanité, qu'il en eſt inſépa-
» rable : il eſt donc auſſi eſſentiel
» à l'homme que la raiſon même.
» Le terme de *la raiſon* indique
» déja qu'elle n'eſt qu'un calcul.
» *Raiſonner*, c'eſt calculer & fai-
» re ſon compte en balançant les
» motifs de part & d'autre, pour
» voir enfin de quel côté eſt l'a-
» vantage. *Le ſens moral & la*
» *raiſon* concourent à nous faire
» découvrir ce reſultat qu'il nous
,, im-

» importe tant de trouver. Ce
» font les moyens par où nous
» difcernons nos devoirs, ou ce
» qui eft dicté par la Loi natu-
» relle. Cela étant, il y auroit
» certainement de la contradic-
» tion à fuppofer un être libre,
» intelligent & raifonnable, qui
» pût fe détacher fciemment &
» volontairement de fes intérêts,
» & être indifférent fur fa propre
» félicité.

» Nous pouvons donc dire
» avec affurance, que l'homme
» n'agit qu'en vûe de fon bon-
» heur; qu'il le cherche toujours,
» & qu'il ne fçauroit fe départir
» de ce puiffant principe de tou-
» tes fes actions. Mais pour fa-
» tis-

» tisfaire à ce désir ardent qui
» l'aiguillonne sans cesse, & pour
» parvenir au but qu'il se pro-
» pose avec tant de constance, il
» faut nécessairement qu'il choi-
» sisse les moyens propres pour
» l'y conduire. Celui qui veut la
» fin, doit aussi vouloir les mo-
» yens qui y font parvenir; tout
» comme celui qui veut arri-
» ver à un endroit, doit indis-
» pensablement prendre la route
» qui y mène. Il suit de là que
» l'homme a besoin de quelques
» régles de conduite, qui puis-
» sent lui apprendre à la diriger
» conformément à ses vuës; &
» cela, d'autant plus qu'il est un
» être libre, susceptible de direc-
» tion,

» tion, comptable de ses actions
» & responsable de ses démar-
» ches. Ce sont ces régles de di-
» rection de notre conduite, ces
» moyens de la félicité humaine,
» que nous appellons *Loix na-*
» *turelles.* L'observation de ces
» loix peut seule nous procurer
» le bonheur auquel l'humanité
» entiére aspire : elle peut seule
» nous rendre heureux d'une ma-
» niére solide & parfaite. Tout
» comme le mépris & la viola-
» tion de ces mêmes loix nous
» précipitent infailliblement tôt
» ou tard dans la misère, en nous
» éloignant de notre bonheur, à
» mesure que nous nous éloi-
,, gnons nous-mêmes de nos de-
,, voirs.   La

La Loi naturelle eſt donc liée à notre intérêt bien entendu, puiſque de la pratique des devoirs qu'elle preſcrit dépend notre bonheur. Mais, comme nous l'avons deja dit, il n'entroît, ni ne devoit entrer dans le plan de *l'Auteur de l'Eſprit* de traiter de ces devoirs. Il ne vouloit point examiner l'homme dans les rapports qu'il peut avoir avec Dieu; ainſi il n'a point fait un livre de Théologie naturelle; il n'avoit pas deſſein d'établir ce que l'homme ſe doit à lui-même, ni ce qu'un particulier doit à un autre; ainſi il n'a point fait un livre de morale particuliére.

L'Auteur de l'Eſprit paroît avoir

voir été profondément effrayé
des maux qui défolent ici-bas les
fociétés. Il a vû le défir du bonheur, naturel à tous, devenir
effréné dans la plûpart, multiplier
les crimes, anéantir dans pref-
que tous les cœurs les idées du
jufte & de l'injufte, & réfifter
même à tous préceptes de Morale & de Religion. Le moyen naturel de remédier à ces malheurs,
n'eft - ce pas d'intéreffer par de
bonnes loix les particuliers à concourir au bien général de la fociété dans laquelle ils vivent?
Puifqu'il eft impoffible de détruire leurs paffions particuliéres, la
politique doit les diriger, les exal-
ter même vers le but qu'elle fe

H

pro-

propose, qui est le bonheur de tous.

Comment ferez-vous observer vos loix? disoit Anacharsis à Solon. Celui-ci répondit, *Je les accommode si bien aux intérêts de mes concitoyens, qu'ils connoîtront évidemment qu'il leur est plus avantageux de les observer que de les violer.* Dieu lui-même est le modèle de cette conduite proposée aux Législateurs, par la sanction qu'il a établie pour assurer l'observation de ses loix, soit naturelles, soit positives.

De

*De la connoissance de la nature
de notre Ame.*

IL étoit nécessaire que tous les
hommes eussent la certitude
& le sentiment intime de l'immortalité de leur ame, parce que
sans cette connoissance la Loi naturelle qui leur est inspirée eût
été illusoire & *sans dot* : mais il n'y
avoit pas la même nécessité que
nous connussions évidemment la
nature de cette ame immortelle,
& c'est par la foi seulement que
nous sommes pleinement instruits
de son immatérialité. La droite
raison, le sentiment de la Loi
naturelle, qui nous assurent de la

desti-

deſtination de l'ame, ne nous é-
lèvent donc point juſqu'à la connoiſſance de ſa nature. L'idée
même d'immatérialité n'eſt que
négative ; elle ne peut nous faire comprendre ce que c'eſt que
l'ame ; & ce n'eſt pas la Philoſophie tranchante du Journaliſte
qui nous en inſtruira. L'immortalité eſt le but eſſentiel des diſputes ſur la nature de l'ame ;
mais l'idée de cette immortalité
de l'ame & de ſa deſtination ne
dérive point de ſon immatérialité que l'Egliſe nous enſeigne.
Le Journaliſte dit lui-même que
la queſtion de l'immatérialité de
l'ame n'influë point ſur celle de
l'immortalité.

Quand

Quand l'ame feroit matérielle, il n'en feroit pas moins néceffaire que Dieu la confervât
pour l'imputation morale; & fans
une confervation continuelle,
matérielle ou immatérielle, elle
n'en feroit pas plus immortelle.
Il n'y a que Dieu qui foit par
lui-même. Tout ce qui a été
créé, efprit ou corps, ne dure
que parce qu'il plait à Dieu de
le conferver. Faites abftraction
de cet acte de la Divinité, &
l'efprit & le corps s'anéantiront
indiftinctement; ainfi qu'on ne s'y
trompe pas, un homme peut être
matérialifte & religieux. C'eft le
cas de la plûpart des anciens Philofophes, & il ne me feroit pas

 diffi-

difficile de prouver que ce fut auffi celui des premiers Pères de l'Eglife. Qu'on fe donne feulement la peine de parcourir les ouvrages de SYNESIUS *Evêque d'Aléxandrie*, dont nous devons la traduction au P. PETAU.

Cependant la Métaphyfique du Journalifte, qui, comme il le dit lui-même, *n'eft pas fort recherchée*, lui apprend que l'ame n'eft pas fufceptible de diffolution, & que c'eft par là qu'elle eft effentiellement immortelle. Eft-ce donc la diffolution qui eft la caufe de la mort des êtres vivants? Eft-ce dans la diffolution que confifte la mort des corps? ou n'eft-ce pas plutôt dans l'éxtinc-
tion

tion du mouvement qui les vi-
vifie? Si telle étoit la volonté de
Dieu, que l'ame immatérielle fût
anéantie, ne le feroit-elle pas,
quoiqu'elle ne foit pas fufceptible
de diffolution? Mais en quoi confifte la vie de l'ame? Ne pour-
roit-elle pas ceffer de vivre fans
être anéantie? Eft-il bien décidé que l'ame des bêtes foit matérielle? Si elle ne l'étoit pas,
en feroit-elle moins mortelle?
Si le Journalifte n'a point d'autres preuves de l'évidence de
l'immatérialité & de l'immortalité
de l'ame humaine, il ne nous
conduira pas à la démonftration
fur ces connoiffances, & il fera bien de nous laiffer affujettis

H 4

à

à la certitude de la foi.

„ Comme la force de ces ar-
» gumens métaphysiques, dit le
Professeur FORDYCE, » dépend de
» quelques raisonnemens déliés
» concernant la nature, les pro-
» priétés & les distinctions de
» l'ame & du corps qui ne nous
» font guères bien connuës, ils
» ne se trouvent point du tout à
» la portée du commun des hom-
» mes ; & par rapport à ceux qui
» font les plus habiles, la con-
» viction va rarement au point
» qu'il ne leur reste encore quel-
» ques doutes à éclaircir. Ainsi il
» ne seroit peut-être pas à con-
» seiller de ne fonder la preuve
» d'un article de cette importan-
» ce,

» ce, que fur ce que bien des
» gens appellent les fubtilités de
» l'école. Les preuves qu'on dé-
» duit de l'analogie de la conf-
» titution morale, & des phéno-
» mènes de l'ame, des attributs
» moraux de Dieu, & de l'é-
» tat préfent des chofes, font
» d'un tout autre genre : elles
» font claires, fimples & pro-
» pres à contenter tout efprit rai-
,, fonnable.

Quoique les prétenduës dé-
monftrations métaphyfiques ne
réuffiffent pas au Journalifte, on
pourroit excufer fon foible là-
deffus, fi fes raifonnemens ne
le conduifoient pas à des idées
très dangereufes, & fort voifines

H 5

de

de l'héréſie. Trop peu inſtruit des décisions théologiques qui fixent la nature & l'union de l'ame & du corps, il attribuë à l'ame un pouvoir de *mériter* & de *démériter*, qu'elle n'a qu'en commun avec le corps. *Cette puiſſance, dit-il, qui nous rend capables d'embraſſer le parti de la vertu ou du vice, de mériter des récompenſes ou des châtimens.* Telle fut l'héréſie des ſpirituels anathématiſée en 1312. par le Concile Oecuménique de Vienne, & condamnée de nouveau par le Vᵉ. Concile de Latran.

Selon la doctrine de ces deux Conciles, *l'homme eſt compoſé de l'ame raiſonnable & du corps paſſible,*

fible, & l'ame eft effentiellement
la forme du corps humain. Pourquoi donc ce Journalifte dit-il,
que *la manière dont* l'Auteur de
*l'Efprit s'exprime fur la fenfibili-
té phyfique eft le fondement de fon
matérialifme* ?

Quelle interprétation veut-il
donner à ce mot *fenfibilité phyfique* ? n'entend-il que la fenfibilité
du corps *paffible* dont l'ame eft
la forme *effentielle*, ou la fenfibilité même de l'ame par laquelle le corps eft fenfible ? Mais ce
Critique, qui dit que *l'Auteur de
l'Efprit* réduit toutes les facultés
de *l'ame* à fentir, ne peut pas
l'accufer en même tems d'attribuer au *corps* feul cette faculté

H 6   de

de sentir. Il ne dira pas non plus que cette faculté même, attribuée en commun à l'ame & au corps, soit le fondement du matérialisme, puisque telle est la décision du Concile.

La Faculté de Théologie de Paris nous laisse entrevoir des idées fort obscures sur ces dogmes, & il seroit singulier qu'elle se fût rencontrée avec le Journaliste dans une méprise aussi importante. Elle taxe de Matérialistes & d'Athées les auteurs qui ont osé mettre en doute s'il ne seroit pas possible que le corps fût doüé de la faculté sensitive. Auroit-elle donc été distraite sur cette décision de l'Eglise, *que le corps*

corps est même sensible, & que l'ame en est essentiellement la forme?

Elle ne veut pas reconnoître dans les corps la faculté de pouvoir sentir, quoiqu'il soit décidé que notre corps est *passible*. On voit qu'ici elle dispute de l'acte à la puissance, & que sa critique ne peut tendre qu'à l'absurde.

Il est certain que par les seules forces de la raison on n'arrive point à l'évidence là-dessus. Les plus clairvoyans, & la Faculté elle-même, se perdent dans la profondeur de ces vérités.

C'est donc injustement qu'on reproche aux Philosophes de s'en tenir à la décision de l'Eglise sur la nature de notre ame. Si

no-

notre corps, comme l'Eglife l'enfeigne, eft doué d'une faculté
fenfitive ou paffible qui nous eft
commune avec tous les autres a-
nimaux, le fentiment intime de la
Loi naturelle & de l'immortalité
de l'ame diftinguent effentiellement l'homme de la bête. Il ne
peut méconnoître la lumiére divine qui l'éclaire, qui conftituë en
lui l'intelligence, la raifon, &
qui lui montre la régle de fes
devoirs.

Sur l'Origine de nos Idées.

IL ne peut y avoir que deux opinions fur l'origine de nos idées: ou on les fait dériver des fens, ou on nous donne des idées innées. Il faut que le Journalif-te ait la bonté de choifir: mais honteux lui-même de ce qu'il a-vance, ce n'eft qu'avec un em-barras inexprimable qu'il cherche à fonder tout principe d'évidence fur des idées innées. qu'il n'ofe expofer; car enfin je lui deman-de ce qu'elles font? Sont-elles pu-rement affectives? Dans ce cas el-les appartiendroient à la faculté de fentir. Sont-ce des idées re-pré-

préfentatives? Mais il devroit bien nous dire comment elles font faites, quelle eft leur forme, comment elles diffèrent des idées que nous avons des objets corporels, & qui nous font procurées par la voie des fens. Alors fi nous en avons de femblables, nous les reconnoîtrons bientôt à fon expofé; mais fi lui feul a des idées repréfentatives qu'il n'ait pas reçües par la voie des fens, il ne doit pas trouver mauvais qu'on n'en parle pas dans *le livre de l'Efprit.*

L'opinion qui fait dériver des fens toutes nos connoiffances, eft aujourd'hui celle de tous les Philofophes qui penfent que la Philofo-

lofophie ne confifte pas dans des
mots qu'on n'entend point. „ Je
„ fçai, dit M. HUBNER, que cet-
„ te doctrine, quelque raifonna-
„ ble & quelque bien fondée qu'el-
„ le foit, a été fortement com-
„ battue dans le fiécle paffé par
„ un grand Philofophe, qui d'ail-
„ leurs fait tant d'honneur à la
„ France, & qui s'eft acquis un
„ nom glorieux dans les faftes
„ de la République des lettres;
„ mais il faut compter parmi les
„ égarémens de DESCARTES (car
„ enfin les grands hommes n'en
„ font point exempts) fon opi-
„ nion des idées innées.

Le Journalifte voudroit faire
entendre que le P. BUFFIER n'eft

pas

pas du fentiment de *l'Auteur de l'Efprit* fur l'origine de nos con- noiffances évidentes ; mais de quel front ofe-t-on contredire un fait auffi notoire ? Sans l'écrafer de tout le livre de ce Jéfuite, il fuf- fit d'en rapporter quelques traits. Qu'on life à la *page 853*. la ma- niére dont fe forment en nous les idées que nous nommons fpiri- tuelles.

„ Un objet fenfible, dit le P. BUFFIER, „ ayant formé dans moi „ une idée, un autre objet pareil „ me caufe une feconde idée : a- „ lors j'apperçois de la convenance „ entre ces deux idées ; voilà l'af- „ firmation. Si la feconde idée „ caufée par l'objet fenfible n'eft
„ point

„ point semblable à la premiére,
„ j'y trouve de la disconvenance ;
„ voilà la négation. Deux ob-
„ jets composés de beaucoup de
„ parties diverses causent en moi
„ deux idées complexes, compo-
„ sées chacune de beaucoup d'i-
„ dées partiales : en y faisant atten-
„ tion, je ne puis discerner si elles
„ sont précisément les mêmes & de
„ même nombre que celles de l'au-
„ tre côté ; alors je m'apperçois
„ que je ne discerne pas distinc-
„ tement ce que je voudrois , voi-
„ là le doute. Il en est ainsi de
„ *toutes les opérations de l'esprit*
„ qu'on voudroit faire passer pour
„ *indépendantes des sens.* Il est
„ manifeste qu'elles sont la suite
„ &

„ & le réfultat d'une impreffion
„ caufée, plus ou moins immé-
„ diatement, par *les objets fenfi-*
„ *bles.* Or dans tout cela l'expé-
„ rience ne nous fait concevoir
„ *nulle différence entre l'imagina-*
„ *tion & la pure intelligence;*
„ puifque les idées *les plus fpi-*
„ *rituelles,* telles que celles de la
„ penfée, de l'affirmation, du
„ doute, font formées en nous
„ par des impreffions fenfibles.
Mais, dit le Journalifte, le *fen-*
timent eft toujours obfcur, & l'é-
vidence eft refervée à l'idée claire.
Ecoutons encore fur ce fujet le
P. BUFFIER page 578.

„ C'eft donc ce que tout Phi-
„ lofophe doit bien pefer, que

„ cette

„ cette force du sentiment de la
„ nature, pour en faire la base &
„ la régle de toute vérité: car il est
„ également impossible de juger
„ que le sentiment de la nature soit
„ opposé à aucune régle de véri-
„ té, ou qu'aucune régle de vé-
„ rité n'ait pour racine & pour
„ fondement le sentiment même
„ de la nature .... En effet
„ la premiére régle de vérité
„ reconnüe universellement de
„ tous, sçavoir le sentiment in-
„ time de notre propre percep-
„ tion, tirant toute sa force de
„ la nature, par-tout où se trou-
„ vera le sentiment de la Nature,
„ il se trouvera aussi une vraie
„ évidence, & une régle néces-
„ faire

„ faire de vérité : ensorte qu'une
„ plus grande vivacité de la lu-
„ miére fera bien connoître une
„ vérité plus vivement , mais
„ non pas plus réellement.

Sur tous ces points , voici le résultat de la critique du Journaliste. Le P. BUFFIER est orthodoxe, parce qu'il a rapporté toute l'intelligence humaine à l'usage des sens , & l'*Auteur du livre de l'Esprit* est matérialiste , parce qu'il ne rapporte à l'usage des sens que les *sentimens obscurs.*

Mais d'un autre côté la Faculté de Théologie n'a pas bien saisi cette distinction. *L'Auteur de l'Esprit* lui paroît *insensé, matérialiste, athée,* parce qu'il fait dé-

dépendre dans l'ordre naturel,
toutes les opérations de l'ame de
l'ufage des fens & de la mémoire,
& qu'il croit que l'état des organes des fens influe fur l'ufage de
la raifon. Le P. BUFFIER n'eft
point compris dans cette cenfure ni cité parmi les auteurs auxquels la Faculté reproche la même doctrine. Pour débarraffer
l'*Auteur du livre de l'Efprit* de
ces critiques contradictoires, il
fuffit donc de prouver, comme
nous l'avons fait, qu'il a exactement fuivi la doctrine du P.
BUFFIER. On eft en droit de fe
croire à couvert d'une pareil-
le cenfure, quand on a le bonheur de n'être que le copifte
d'un

d'un Théologien Jéfuite. Le Journalifte paroît beaucoup moins attentif à la doctrine qu'aux Auteurs, & de là réfulte fouvent un peu de variété dans fes jugemens. Il trouve mauvais qu'on cite fur la Loi naturelle l'Evangile avec les Philofophes ; (*a*) mais il n'approuve pas non plus qu'on cite fur cette loi divine les Philofophes, fans citer l'Ecriture & les Pères. (*b*) Il croit que *l'Auteur de l'Efprit* n'étend pas affez la liberté de l'homme, & il trouve que M.

(*a*) Extrait du livre de la régle des devoirs.

(*b*) Extrait de l'hift. du droit naturel, Avril 1759. p. 903.

M. HUBNER l'étend trop ; (*c*) mais lui-même se garde bien d'en déterminer l'étendue, afin de se conserver, comme Théologien, le droit de contester sur la mesure. M. HUBNER a tort, selon lui, de ne s'être pas engagé dans cette carriére contentieuse.

Notre liberté nous est connüe par le sentiment intime ; cependant nous éprouvons, dit le Journaliste, que nous sommes forcés par nos passions : (*d*) soit ; mais il accuse *l'Auteur de l'Esprit* d'avoir eu la même idée,

I

d'a-

(*c*) Extrait de l'hist. du droit naturel, pag. 914.

(*d*) Ibidem.

d'avoir assujetti la liberté & toutes les fonctions de l'ame aux senfations, & d'avoir borné les senfations aux *sentimens obscurs.* On lui a démontré que cet Auteur rapporte la liberté à l'intelligence, ce qui prouve qu'il ne la rapporte pas aux *sentimens obscurs.* Mais le Journalifte rejette encore cette idée, parce qu'il la trouve trop favorable au bon ufage de la liberté. Toujours en contradiction avec lui-même, il blâme *l'Auteur de l'Efprit* de ne s'être pas étendu fur les devoirs que la Loi naturelle infpire aux hommes, & d'avoir penfé que, pour leur fureté & leur bonheur, ils doivent être affujettis à une bon-

ne

ne légiflation : & il embraffe
ouvertement le fentiment du P.
ANSALDI, qui foutient que la Loi
naturelle eft dénuée de motifs
capables à déterminer les hommes
à agir, & que par-là elle eft
inefficace & ftérile. Il affure
que l'homme ne peut agir fans
intérêt, & il fait un crime à
l'Auteur de l'Efprit d'avoir avan-
cé que les hommes n'agiffent que
par intérêt. Il ne lui pardonne
pas non plus d'avoir douté des
fentimens de SENEQUE fur l'immortalité de l'ame : Cependant il
foutient avec le P. ANSALDI, que
tous les Philofophes n'ont pu
s'affurer de cette verité par les
lumiéres de la raifon. Le Jour-

I 2   nalifte

nalifte croit-il donc que ces différentes idées ne fe contrarient point, parce qu'elles ne font pas enfeignées dans le même mois? Cette doctrine incertaine du Journal de Trevoux feroit-elle deftinée à fervir des intérêts différens & des paffions particulieres? Chaque mois eft marqué par quelque changement dans la Religion du Journalifte, plus mobile que les faifons même. Ce font cependant ces reproches faits par lui au *Livre de l'Efprit*, & détruits enfuite par fes contradictions, qui font l'objet des critiques des CHAUMEIX & des GAUCHAT. Il eft affligeant d'être contraint d'affocier à ces noms, qui ne ré-

veil-

veillent pas des idées d'eſtime, cé-
lui de la Sorbonne, & de pluſieurs perſonnes reſpectables d'ailleurs par leur zèle & leur piété.

En fait d'opinions philoſophiques, les honnêtes gens ne ſçau-
roient trop ſe mettre en garde
contre les imputations & les
qualifications que prodiguent
ceux qui croyent avoir intérêt
de combattre la raiſon. Sans une
précaution extrême, on ne peut
pas ſe défendre à cet égard d'in-
juſtice & d'erreur, & ni l'une
ni l'autre ne ſont juſtifiées par la
ſainteté des motifs qui les font
adopter.

Parmi les perſonnes pieuſes que

 la

la Religion conduit, un grand nombre foutiennent l'opinion des idées innées, parce qu'elles la croient plus favorable aux vérités que la foi nous enfeigne; mais ce zéle les trompe de plus d'une ma-niére. » Les Théologiens, dit M. BARBEYRAC, » donnent eux-mê-mes beaucoup de prife aux Athées, lorfque ne fe con-tentant point des preuves in-contestables qu'on a des gran-des vérités de la Religion & de la Morale, ils s'entétent par un zéle imprudent de quelques rai-fons pour le moins fort douteu-fes, criant après cela, que tout eft perdu fi l'on n'admet celles-ci comme les premiéres.

Je

Je ne mets point le Journaliste au rang de ces personnes
pieuses. Dans quelques méprises
qu'il soit tombé d'ailleurs, je le
crois même trop éclairé pour être
de bonne foi lorsqu'il dit que
l'opinion de *l'Auteur de l'Esprit*
(qui est celle de LOCKE, du P.
BUFFIER, & des plus célèbres
Philosophes) réduit toutes les facultés de l'ame à un *sentiment
toujours obscur.* Cette conséquence,
particuliére au Journaliste, ne dé-
coule assurément pas du principe :
car discerner, s'intéresser, délibérer, vouloir, raisonner, juger,
se déterminer, tout cela dans l'ordre naturel s'exerce par nos sensations affectives & représentati-

          ves.

ves. En effet toutes nos connoiffances fe rapportent à ces deux
fortes de fenfations, fentimens
& idées. L'*Auteur de l'Efprit* n'a
dit nulle part, comme le Journalifte l'en accufe, que toutes les
facultés & les opérations de l'a-
me ne confiftent que dans des
fenfations purement affectives.
Ce font les idées repréfentatives
qui nous inftruifent de toutes les
caufes conditionnelles de nos fenfations, & toutes nos connoiffances naturelles, de toute évidence du bien & du mal phyfique,
du bien & du mal moral rela-
tif aux créatures, de toutes les idées
qui nous affurent de l'exiftence
d'un Etre fuprême, & par lef-

quel-

quelles nous parvenons à la certitude des vérités révélées, &c.
S'il eſt donc vrai, comme le dit
le Journaliſte, que ces ſenſations
ſoient toujours obſcures, comment pourrons-nous connoître les
objets avec certitude & être inſ-
truits des vérités de la foi? Sou-
tiendra-t-il que *l'Auteur de l'Eſprit*, qui, dit-il, réduit toutes les
facultés de l'ame à ſentir, n'y ra-
porte pas toutes les ſenſations qui
nous procurent toutes nos connoiſſances naturelles? Oſera-t-il
dire que cet Auteur borne toutes
les facultés de l'ame au ſentiment
purement affectif des organes des
ſens? Il ne l'oſera pas.

Mais ces efforts qu'on fait pour

ramener nos connoiſſances à une origine obſcure & chimérique, ne conduiſent pas ſeulement à l'abſurdité, ils ſont encore très dangereux. La Faculté de Théologie, dans la cenſure du *Livre de l'Eſprit*, ne s'eſt pas défendue de ce piége, & il eſt étonnant que ſon zèle à cet égard n'ait pas été plus éclairé. Je fais profeſſion de reſpecter ſes déciſions théologiques, & je m'y ſoumets quelles qu'elles ſoient; mais dès qu'elle parle Philoſophie, elle conſent dès-lors à être aſſujettie comme tout autre au tribuhal de l'évidence. Les Théologiens ſont juges de la foi révélée, & les Philoſophes de la foi raiſonnée. Les Théologiens & les Phi-

Philosophes s'égarent souvent
dans leurs raisonnemens sur les
matiéres qui sont de leur ressort:
Mais la certitude des dogmes de
la foi révélée est assurée par l'infaillibilité de l'Eglise, & la certitude des vérités philosophiques
par l'évidence. C'est l'évidence
de la Théologie naturelle qui
conduit à la certitude de la foi
révélée & de l'infaillibilité de l'E-
glise. L'évidence est donc le principe de la certitude des vérités
humaines & divines. Or l'évidence consiste dans l'observation
de nos propres sensations. Nous
n'avons d'idées intuitives que de
nos sensations mêmes, & nous
ne parvenons aux autres connois-

    san-

fances que par les idées indicatives que nous procurent nos fenfations. Ces vérités primitives
qu'on ne me conteftera pas, ou
qu'on me contefteroit fans fuccès,
nous guideront avec précifion
dans l'examen de la queftion
dont il s'agit.

Dans l'ordre naturel l'ame reçoit fes fenfations par l'entremife
des organes des fens; mais on
ne peut reconnoître ces organes
que comme caufes conditionnelles des fenfations, & non comme caufes efficientes, parce que
nous ne reconnoiffons dans les
corps aucune puiffance active
qui leur appartienne effentiellement, & par laquelle ils puiffent
agir

agir immédiatement & par eux-mêmes sur notre ame.

Dans l'ordre surnaturel, ou indépendant des organes du corps, comme dans les inspirations, dans les révélations, dans les impressions de la grace, l'ame reçoit des sensations par l'action immédiate de la cause efficiente, de l'intelligence par essence, qui seule a la puissance d'agir sur elle immédiatement, ou par l'entremise des organes des sens. Mais dans tous ces cas les sensations indiquent à l'ame qu'elle est un être sensitif, que sa faculté de sentir n'est qu'une propriété passive qui a une cause distincte d'elle-même, qui agit sur elle, à laquelle elle eſt aſſujettie, qui produit en elle des idées repré-ſentatives d'objets qui exiſtent hors d'elle, & indépendamment d'elle : mais elle découvre entre elle & ces objets des rapports né-ceſſaires, d'où réſulte pour elle le ſentiment intime & lumineux du bien & du mal moral, du juſ-te & de l'injuſte, & des devoirs qui lui ſont preſcrits par la ſageſ-ſe ſuprême.

Je me contente d'expoſer ces vérités primitives ſans approfon-dir davantage, parce que le ſenti-ment intérieur, la raiſon & la piété les reclament ſans ceſſe, & qu'il eſt facile à chacun de s'en convaincre par le témoignage de ſes propres ſenfenfations & de fa confcience.

Des Théologiens, accoutumés à raifonner fur les myftères ineffables de la foi, prétendent que nous avons, comme l'intelligence par effence, indépendamment des fenfations, & de toute affection fenfitive, des idées qui font la fource de nos connoiffances fondamentales. Ils affurent, par exemple, que nous avons des idées innées de Dieu, du jufte & de l'injufte abfolu &c... Pour le prouver, ils nous difent que ces réalités exiftent, & qu'elles exiftent de toute éternité : mais ils n'apperçoivent pas qu'ils n'établiffent leurs preuves que par des idées indicatives que leur fournif-

niſſent leurs ſenſations. Ainſi le
bruit du tonnerre prouve l'exiſtence d'une cauſe que nous appellons tonnerre, dont nous ne
connoiſſons point la forme; mais
de l'exiſtence de laquelle nous
ſommes évidemment aſſurés par
le bruit que nous entendons.
Occupés de l'idée inintelligible
qu'ils cherchent & qu'ils prétendent nous prouver, ils n'apperçoivent pas non plus que c'eſt
ſeulement une réalité dont ils
nous prouvent l'exiſtence, au lieu
de nous montrer l'idée même de
cette réalité; & qu'encore ils ne
prouvent cette exiſtence que par
des idées indicatives que leur
fourniſſent leurs ſenſations. Dans

cette

cette apperception confuſe ils rai-
ſonnent ainſi: Nous ſommes aſſurés avec évidence, qu'indépendamment de nos ſenſations, Dieu
exiſte de toute éternité: donc
il eſt évident auſſi qu'indépendamment de nos ſenſations, nous
avons une idée innée de Dieu.
Cette conſéquence poſtiche n'en
impoſe point à ceux qui ſuivent
la marche de l'eſprit qui forme
un tel raiſonnement: car ils n'apperçoivent point cette prétenduë
idée innée de la choſe qu'on leur
a prouvée, & ils ſont aſſurés, par
l'expoſition même des preuves,
qu'on ne l'a connuë que par les
ſenſations. Comment admettre
pour idées innées, le réſultat ab-
ſtrait

strait & confus des connoissances qu'on a acquises, & au moyen desquelles on est arrivé par degrés à la certitude ?

Ce ne seroit donc que par des articles de foi révélés que les Théologiens pourroient réduire les Philosophes à reconnoître des idées innées, & indépendantes des sensations & de l'évidence.

Mais si nos connoissances primitives n'étoient que des instructions ineffables de foi, reçües par le ministère extérieur, elles ne seroient plus distinguées des fausses croyances, parce qu'elles ne seroient plus assujetties à l'évidence qui nous conduit à la certitude des vérités révélées. Les Théo-

Théologiens n'ont donc pas le
droit de déterminer la certitude
de nos premiéres connoissances,
& de les réduire, contre toute
évidence, à des idées inintelligi-
bles.

Ainsi nous devons penser que
la Faculté de Théologie de Paris
n'a pas prétendu assujettir l'évidence des vérités philosophiques
à l'autorité de ses décisions, encore moins à ses abstractions i-
déales, & à des opinions particuliéres, qu'on doit regarder comme fort déplacées dans une cen-
sure Théologique.

Mais on voit qu'elles y sont
soutenües pour combattre des i-
dées qui paroitroient peut-être
favo-

favoriſer moins la croyance de quelques dogmes révélés. Cependant ce n'eſt pas là l'uſage qu'on doit faire en Théologie des connoiſſances philoſophiques.

Les motifs de crédibilité ſont établis, non ſur des opinions hazardées, mais ſur des démonſtrations philoſophiques qui prouvent avec évidence la certitude de la Révélation, de l'infaillibilité de l'Egliſe, & la ſainteté de la Morale Chrêtienne. En vain prétendroit-on d'accorder dans le détail la croyance des dogmes particuliers de la révélation avec les connoiſſances philoſophiques. Il eſt même dangereux de ſoutenir que cet accord ſoit utile pour

ap-

appuyer cette croyance.

La plupart des dogmes particuliers contiennent des vérités contradictoires aux connoissances philosophiques les plus évidentes & les plus essentielles aux hommes pour leur conservation & la régle de leur conduite dans l'ordre œconomique, civil & politique. Cependant, ce sont ces connoissances elles-mêmes qui nous fournissent tous les motifs de crédibilité, par lesquels nous sommes assurés avec évidence de la vérité de notre Religion. Toutes les opinions particuliéres, purement philosophiques, quoique plus ou moins favorables à la croyance des dogmes révélés,

n'y

n'y ont cependant aucun rapport
direct, puisque l'évidence meme,
bornée à l'ordre naturel, n'influe
point sur les dogmes particuliers.
Mais si ces sortes d'opinions at-
taquent les motifs de crédibilité,
elles ne peuvent être combattües
que par l'évidence, & non par
l'autorité. Autrement la certitude ou l'incertitude de toutes les
Religions soutenües par l'autorité seroit égale, & de telles Religions ne pourroient exiger une
croyance sincère, parce qu'elles
interdiroient tout examen, toute évidence & tout motif de conviction.

De

De la Liberté & de l'Intérêt.

J'Ai peu de choses à ajouter sur ce sujet à ce qu'a dit l'Auteur de la lettre au Journaliste ; car la liberté n'est certainement, comme il l'a définie après toutes les écoles, que *le pouvoir qu'a l'ame de délibérer pour se déterminer avec raison.* Le Journaliste dira-t-il que c'est le pouvoir de délibérer pour se déterminer sans raison ? Il paroît que tel est son sentiment ; car il assûre qu'en supposant une intelligence éclairée sur son intérêt bien entendu, *il n'y auroit jamais de choix véritable.* La lumière selon lui interdit donc

donc la contrariété des volontés indécises qui engagent à délibérer. Ainsi il faut être aveugle pour être libre; dès qu'il y aura lumière, il n'y aura plus de liberté. Pour nous prouver cette idée singuliére, le Journaliste nous assure *que deux hommes également éclairés choisiroient toujours de la même façon.* Mais pourquoi chercher deux hommes? il suffit d'envisager seulement un même homme dans la vivacité des appetits, & dans l'état de satiété, dans la violence des passions, & dans le calme, pour juger si avec le même degré de lumiére, il se décidera toujours pour le bien sans des secours surnaturels.

Dans

Dans l'hypothèse d'une intelligence éclairée, dit le Journaliste, *la volonté ne s'égareroit jamais.* En effet, si l'on suppose un homme sans passions d'aucune espèce, & auquel la droite raison fasse voir constamment & vivement dans toutes les circonstances son intérêt dans la pratique de ses devoirs, sa volonté ne s'égarera jamais, & il n'en sera pas moins libre. Il aura toujours *le pouvoir de délibérer pour se déterminer avec raison;* & *l'exercice de sa liberté sera toujours régulier,* parce qu'il sera dirigé *par son intelligence éclairée sur son intérêt bien entendu.*

On ne peut voir sans étonne-

K   ment

ment combien de petites rufes employe ce Journalifte pour défigurer l'endroit dont il eft queftion. Il fupprime le mot *régulier*, qu'on joint à celui d'exercice de la liberté; il en fait de même de l'épithète *bien entendu*, qui caractérife le mot d'*intérêt*. Et c'eft ainfi que ce Prêtre critique en ufe ordinairement. Croit-il donc honorer fon état & fa fonction par ces fupercheries fubalternes ?

Tous les Moraliftes conviennent que les hommes font déterminés à toutes leurs actions par un intérêt quelconque. *L'Auteur de l'Efprit* en conclut que le grand art du Légiflateur eft d'intéreftéresser les hommes à l'observation des loix & à ces sacrifices apparens de l'intérêt personnel, auxquels les peuples & la patrie doivent souvent leur conservation & leur bonheur. Mais le Journaliste prétend que *le principe de l'intérêt est irréligieux & frivole*, & que les hommes doivent se conduire par des motifs qui ne soient pas intéressans. Il faut donc qu'il ait la bonté de nous expliquer quels sont ces motifs indifférens, ces motifs qui ne sont pas des motifs.

Notre foible raison ne conçoit pas quels peuvent être des motifs qui n'ont nul objet d'amour, ou nul intérêt de haine, d'espérance, de

crain-

crainte, de délectation, de rétri-
bution, d'attrait pour la vertu,
pour l'honneur, & pour la gloire; d'averfion pour le vice, le
mépris & l'infamie.

Surement les Légiflateurs igno-
rent cette Métaphyfique. La fanction des loix pofitives n'admet
que des idées fenfibles, que des
motifs intéreffans. Et la Loi naturelle même ne feroit-elle pas
inefficace, fi le grand Légiflateur
ne lui avoit pas affuré une *dot*?
Mais ces idées du Journalifte font
trop vifiblement éloignées de la
raifon pour nous y arrêter plus
longtems.

De

De la Persécution.

L'*Auteur de l'Esprit* s'élève contre la persécution avec une force qui mérite la reconnoissance de tous ceux qui ont quelque sentiment humain. Après avoir fait une peinture aussi touchante que vraie des maux qu'un zèle aveugle & barbare a fait aux hommes dans les différentes Religions, il s'écrie; » Quel hom-
» me vertueux & quel Chrétien,
» si son ame tendre est remplie
» de la divine onction qui s'ex-
» hale des maximes de l'Evangi-
» le, s'il est sensible aux plaintes
» des malheureux, & s'il a quel-

K 3   » que-

» quefois effuïé leurs larmes, ne
» feroit point à ce fpectacle tou-
» ché de compaffion pour l'hu-
» manité !

Ce font là, dit le Journalifte, *les nuances d'une haine profonde contre le Chriftianifme, c'eft le vœu d'une indifférence totale en matière de Religion.*

Il faut que le droit d'égorger ceux qui ne penfent pas comme lui foit bien cher à ce Critique, pour qu'il ofe fe faire l'apologif-te de cette fureur qui a tant fait gémir les peuples, & n'a pas même épargné les Rois, les E-tats, les tribunaux fouverains.

Ce font ces perfécutions fédi-tieufes qui ont excité dans les
Na-

Nations tant de troubles, de re-
voltes, de guerres, de maſſacres,
d'incendies, de pillages, d'uſur-
pations, & pour leſquelles les
Chefs de l'Egliſe & le Clergé
marquent aujourd'hui tant d'é-
loignement. L'idée de la Loi naturelle, de la juſtice divine impri-
mée dans le cœur de tous les hommes, peut-elle donc ſe concilier
avec ce zèle, & cette piété effré-
née qu'on impute à la Religion,
& qui ſont incompatibles avec
elle ? Ce fanatiſme déteſtable ne
détruit-il pas toute idée de Religion & d'équité ? On ne peut
l'appuyer ſur d'autre titre que
celui de la ſoumiſſion qui s'arra-
che par la violence, & ce droit

af-

affreux ne peut s'exercer que par le double crime de celui qui persécute & de celui qui obéit. Mais les bons gouvernemens sont avertis de se précautionner contre la persécution par les maximes mêmes enseignées dans les Etats où elle régne, & par les effets terribles de la persécution dans ceux où les différentes Religions s'attribuent le droit de persécuter.

La violence de la persécution n'est point une prérogative particuliére de la vraie Religion, & c'est sous ce point de vuë que la politique civilé doit l'envisager.

Les JURIEU & les BOSSUET reclamoient également le droit de per-

persécution, & sollicitoient également la puissance temporelle à persécuter. Sous le régne d'*Elizabeth* on persécutoit les Catholiques en Angleterre; en France on persécutoit les hérétiques. Là on persécutoit l'ancienne Religion; ici c'étoient les nouvelles opinions: les uns blâment la conduite d'*Elizabeth*, les autres désaprouvent celle de *Charles neuf*.

Il n'y a point de Juges sur la terre pour décider du droit exclusif de persécuter, c'est la loi du plus fort. Toutes les Religions enseignées se l'attribuent: mais cette prétention injuste est partout anéantie par cette loi d'équité & de paix qu'aucune Religion

n'o=

n'oferoit rejetter, & fur laquelle elles s'appuient toutes, parce qu'elle eft la Jurifprudence univerfelle, la Religion divine intimée à tous les hommes. L'intérêt des Puiffances temporelles, & furtout des Miniftres des Religions, de fombres préjugés infpirés par des paffions féroces, l'ignorance fuperftitieufe des Peuples, voilà les motifs odieux de la perfécution dans toutes les Religions. On les décore du beau nom de zèle; mais leurs effets terribles font auffi étrangers à la faine politique qu'à la bonne morale & à l'humanité.

Ceux qui établiffent la tolérance politique, dit l'emporté JURIEU, ne vont pas moins qu'à ruiner les principes du véritable Christianisme.... à mettre tout dans l'indifférence, & à ouvrir la porte aux idées les plus libertines. Qui ne croiroit que c'est le Journaliste de Trevoux qui parle? Mais ce Ministre avoit-il donc oublié la Religion universelle de tous les Gouvernemens, cette loi des loix énoncée dans les loix positives, qui reprime le vice dans chaque païs conformément à la politique & à la saine morale? Etoit-ce pour affermir le Christianisme ou pour reprimer le libertinage que la Religion Catholique & la Reformée s'entrepersécutoient en France & en Angleterre? M. Bos-

SUET

SUET & M. JURIEU, qui fondoient chacun de leur côté sur de tels principes la néceffité de l'intolérance civile, pouvoient-ils se flatter d'en impofer aux Légiflateurs? Ce n'eft pas fur de telles vües qu'on établit les loix politiques néceffaires pour maintenir le bon ordre & arrêter les progrès du vice. Qu'on life les préambules de ces loix, on verra qu'elles ont toutes pour bafe la Loi univerfelle & divine qui éclaire tous les hommes. C'eft elle qui dicte aux Légiflateurs les régles mêmes qui modifient, felon la conftitution des Etats, le Gouvernement des Religions particuliéres qui y font établies. Ce n'eft pas par l'in-

tolé-

tolérance & la persécution qu'en Hollande, en Dannemarck, en Prusse, dans les Etats de l'Impératrice &c. le Gouvernement régle les mœurs, entretient la paix de Religion & la tranquillité publique, inspire aux sujets l'attachement, la fidélité & le zèle pour leurs Souverains & leur patrie.

L'observation des préceptes de la Loi divine, commune à toutes les Religions, soutenüe de l'autorité des loix civiles, ne suffit-elle pas pour concilier toutes les Religions & les contenir dans l'ordre qui leur est prescrit ? Mais pour les contenir sûrement, le Gouvernement doit ne pas transgresser greffer lui-même cette loi, en violentant les croyances particuliéres par des outrages qu'elle proscrit, & qui revoltent l'humanité. Chez les Peuples qui ne profeffent pas la Religion Catholique, il n'y a de vraie Religion que la Religion naturelle. Ceux qui prétendent que les fauffes Religions font néceffaires chez ces Peuples pour les affujettir plus furement au Gouvernement politique, foutiennent une opinion dangereufe que nous ne devons pas déveloper. S'ils difoient que ces fauffes Religions font peut-être inévitables, que les hommes en général ne font pas affez inftruits pour s'élever jufqu'aux con-

noif-

noiſſances intellectuelles de la Religion naturelle, leur opinion ſeroit mieux fondée. La pieté en-
vers l'Etre ſuprême, vivement
inſpirée à tous les hommes, a
beſoin pour la plûpart d'être fixée
par des objets ſenſibles auxquels
ils adreſſent leur culte. Le Gouvernement voudroit en vain con-
trarier ces pratiques dans les païs
où elles ſont établies ; de même
que les Apôtres de la vraye Religion révélée s'occupent avec
zèle à étendre les lumiéres de la
foi, les Légiſlateurs juſtes & é-
clairés s'appliquent à aſſujettir les
hommes & leurs erreurs à la morale divine, qu'ils reconnoiſſent
par leur ſentiment interne. Au
moyen

moyen de cette fage conduite, le pouvoir fouverain, qui n'eft ni juge des décrets de Dieu ni difpenfateur des moyens néceffaires pour le falut des hommes, ne violente point les confciences, & ne porte point un trouble cruel dans les fociétés politiques.

La Religion Catholique, quoiqu'elle ait le droit réel d'éclairer tous les Royaumes du monde, n'a donc pas le droit d'établir, ni de maintenir par la violence la puiffance qu'elle tient de Dieu. La politique peut encore moins s'arroger le droit de régner fur la confcience des hommes. Il n'y a aucun cas dans lequel l'une ou l'autre de ces deux puiffances ait

le

le droit d'attaquer tyrannique-
ment jufques dans le for intérieur
la croyance religieufe qui domine
les confciences.

Nous ne rapportons pas à la perfécution la fanction des loix pofitives, qui dans des vûes fages régle
le culte extérieur & les inftructions
de la Religion dominante, qui ex-
clut toute autre Religion des char-
ges & des emplois; nous ne la con-
fondons pas avec cette fureur qui
veut forcer les hommes à changer
de Religion, ou à fe prêter à des
pratiques facrilèges, qui prive de
leurs biens, & même de la liberté de s'expatrier, ceux qui veulent jouïr de l'exercice entier de
leur croyance. Une févérité qui
for-

force les hommes à se livrer à un culte qu'ils croyent faux, ne peut s'allier sincérement avec l'esprit d'aucune Religion, & encore moins avec celui de la vraye Religion, qui déteste l'indignité d'un culte perfide. Cette conduite inhumaine & sacrilège ne peut que prouver l'indifférence totale de Religion dans ceux qui l'enseignent & l'administrent. D'ailleurs si la puissance Ecclésiastique entreprenoit d'étendre sa jurisdiction sur le temporel des Souverains, ce qui est une suite du droit prétendu de la persécution, elle forceroit la politique des Etats à recourir aux moyens les plus surs pour se garantir de ces entreprises

ses

ſes injuſtes, & pour délivrer les ſujets d'un abrutiſſement ſuperſtitieux, qui eſt la ſource des déſordres qu'on doit craindre d'un zèle barbare & déréglé.

Des Paſſions & de la Légiſlation.

LE Journaliſte profite de la ſignification triviale du mot de *paſſions*, qui parmi le peuple ſignifie des vices, & dans ce ſens il lui eſt très aiſé de décrier les idées de *l'Auteur de l'Eſprit*. C'eſt de la même maniére qu'il abuſe des mauvais ſens qu'on peut donner aux termes, *ſenſibilité phyſique*, *intérêt*, *plaiſir*. Ces mots tra-

traduits par ceux de fenfations, d'affections, de défir du bonheur, de délectation, feroient rentrés dans un langage plus particulier, & moins propre à fe prêter à l'infidélité & à l'amertume de fa cenfure. Les Lecteurs éclairés ont envifagé dans le livre *de l'Efprit* l'ufage des paffions prifes dans le fens philofophique & dans les différens points de vüe fous lefquels l'Auteur les repréfente; premiérement fous l'afpect général qui affujettit l'ufage des paffions à tout le fyftême de l'Auteur, c'eft-à-dire qui affujettit dans l'ordre politique les paffions à de bonnes loix. Or de bonnes loix, comme nous l'avons déja dit,

ont

ont un type par lequel elles font jugées bonnes: c'eſt-là le principe général de l'Auteur & le but viſible qu'il ſe propoſe dans ſon ouvrage. On peut lui reprocher des égaremens dans les détails, rélativement à quelques paſſions voluptueuſes dont il a trop exalté les avantages dans la ſociété. Sans doute il eut mieux fait de ne rendre tranſparent en aucun endroit le voile de la pudeur, & de reſpecter l'idée honorable attachée à la continence. Cette idée ſublime nous avertit ſans ceſſe que l'acte de l'amour, ainſi que les autres fonctions animales, boire, manger, dormir, auxquelles l'Auteur de la Nature a aſſu-

jetti

jetti tous les animaux, ne font que des fonctions honteufes & brutales qui confondent avec les bêtes l'homme qui ne les envifage pas avec dégout & avec mépris. C'eft donc ménager mal notre dignité que de parler trop naturellement & fans répugnance du plaifir de l'amour.

On pourroit cependant être furpris que l'opinion ait attaché la honte à l'amour, & l'honneur à la cruauté. On pourroit demander fi le plaifir de l'amour, affujetti à l'ordre moral & politique, doit être regardé comme une paffion honteufe ? fi l'attrait de la cruauté, même permife par

les

les loix (a), est une passion plus noble & plus digne de l'humanité? & si les effets de l'amour ne peuvent pas être aussi avantageux à l'ordre politique que les effets de la cruauté?

Au reste quels que soient à cet égard

(a) Je crois les spectacles très dangereux, & surtout celui dans lequel une musique molle amène des danses lascives & se joint à tout l'appareil de la volupté. Cependant j'aimerois mieux assister à un *Opéra* qu'à un *Auto da fé* : j'estimerois plus un Prêtre qui auroit fait un hymne à l'amour, que celui qui auroit allumé un feu d'Inquisition, ou bien invoqué l'autorité contre ceux de ses frères qui n'admettent pas les idées innées.

égard les motifs de l'opinion (*b*), il eft certain que, fi *l'Auteur de l'Efprit* approuve le déréglement dans la paffion de l'amour, il contredit le principe général qu'il établit comme le plus folide fondement de l'ordre politique. Mais le principe n'en doit pas moins être regardé comme la régle à la-

(*b*) L'opinion févère dans laquelle on eft, & avec raifon, fur l'amour, n'a cependant pas toujours été fi dominante. Les concubines d'un ordre impofant, confonduës avec les époufes jufqu'à *Henri III.* Roi d'Efpagne, font une preuve qu'il y a eu des tems de tolérance pour un amour même licentieux mais réglé. Ce Prince ordonna en 1405. qu'elles mettroient une marque à leur cœffure.

laquelle l'ufage des paffions doit être affujetti, & par laquelle l'Auteur peut être jugé lui-même dans fes écarts. Il eft donc vrai que ce n'eft pas par le principe moral confidéré dans l'ordre politique, que la théorie de l'Auteur eft repréhenfible fur l'ufage des paffions.

Secondement on envifage la puiffance phyfique des paffions, rélativement à leur utilité dans la fociété, & au principe fondamental qui en doit régler l'ufage.

Les idées de l'Auteur fur les avantages de la force des paffions peuvent effaroucher au premier afpect la fageffe des lecteurs peu verfés dans la fcience politi-

L   que.

que. Mais quand on reconnoit qu'il ne s'agit que de l'emploi des hommes placés avec diſcernement pour opérer de grandes actions, quand on voit que de l'exercice de leurs paſſions dépend ſouvent le ſalut de la ſociété, & qu'il doit être borné à l'uſage que le Gouvernement lui déſigne, on ne peut, dans les vûes politiques, déſaprouver les éloges que l'Auteur donne aux grandes paſſions, aux paſſions héroïques & ſupérieures qui élèvent les hommes au plus haut degré de courage, de capacité, d'ardeur & de vertu dans leur état.

Troiſiémement, les paſſions ſont conſidérées dans l'état de corrupruption & de déréglement. Les détails en pourroient paroître scandaleux, si on ne les considéroit pas dans le point de vûe qui doit intéresser la politique. C'est cependant cette manière de les envisager qui conduit à découvrir les mauvaises loix qui font les causes politiques de ces déréglemens, & à observer les funestes effets qui en résultent. Mais un Critique mal intentionné trouve dans cette exposition bien de l'avantage pour rendre un Auteur odieux. Il y réussit aisément en déguisant son plan, en supprimant ses vûes, en bouleversant ses idées, en formant par de petites phrases détachées un systê-

 me

me inique auffi étranger au fentiment de l'Auteur que digne de l'efprit de perfécution qui anime le Journalifte. Les traits hiftoriques qu'on reproche ici à *l'Auteur de l'Efprit* ne fe rapportent point à fes principes dans les conféquences que le Critique veut en tirer. S'il y a eu de l'imprudence à les citer, parce qu'ils font moins connus que les révolutions de la Hollande, de la Suiffe, & d'autres événemens femblables arrivés en Europe dont on parle tous les jours, ils n'ont pas le même afpect ; ils tiennent à des Peuples fort éloignés, qui ont des mœurs & des gouvernemens parfaitement étrangers à ceux que

nous

nous connoiſſons. Mais les accuſations du Journaliſte en ce genre ſont au moins imprudentes, & pourroient être ſuſpectes. Le délateur eſt trop recuſable.

On ne peut attribuer à *l'Auteur de l'Eſprit* d'autre intention dans les récits hiſtoriques dont il s'agit, que celle qui tend au but qu'il ſe propoſe explicitement, c'eſt-à-dire, de prouver la force, ou ſi l'on veut, le fanatiſme des paſſions. En effet voudroit-on ſuppoſer que des récits tirés de l'hiſtoire ancienne de Nations étrangères, qui ont leurs conſtitutions, leurs Religions, & leurs coutumes particuliéres, tendent à attaquer indirectement l'autorité

     du

du Prince auquel on eſt ſoumis? Cette ſuppoſition eſt-elle vrai-ſemblable? & peut-elle être at-tribuée au zèle du Journaliſte?

Il ſuffit d'obſerver que des ré-cits qui ſeroient tirés même de l'hiſtoire des différentes Nations de l'Europe, par exemple, de l'Angleterré, de la Pologne, de la Suède, de l'Eſpagne, n'auroient aucune rélation exacte d'un gou-vernement à l'autre, par rapport à l'autorité Royale. Le droit po-litique ne confond point le Prin-ce avec la Souveraineté.

Hobbes, dit Mr. Hubner, »déduit » l'illuſtre droit des Souverains, ce » droit immenſe qu'ils ont de com-» mander à leurs ſemblables en der-» nier

» nier reſſort de la ſeule ſupériorité
» de forces, ou, ſuivant ſon langa-
» ge, d'une puiſſance irréſiſtible.
» *Cette ſupériorité de puiſſance don-*
» *ne*, dit-il, *le droit de régner, par*
» *l'impoſſibilité où elle met les autres*
» *de réſiſter à celui qui a ſur eux*
» *un tel avantage.* N'eſt-ce pas con-
» fondre viſiblement la ſouverai-
» neté avec l'uſurpation, les droits
» inviolables des Souverains avec
» les exactions des brigands? Car
» ſi la propoſition étoit vraye, que
» celui auquel il eſt impoſſible
» aux autres de réſiſter, eût par
» cette ſeule raiſon le droit de leur
» commander en dernier reſſort,
» il s'enſuivroit inconteſtable-
» ment que chacun auroit le droit

L 4

» d'en-

» d'envahir les biens, les possessions
» ou les Etats de tout autre, dès
» qu'il se trouveroit assez fort pour
» le faire. Les droits des Souve_
» rains deviendroient nuls ; ce ne
» seroit que des chimères ; le pre-
» mier usurpateur les posséderoit
» légitimement, jusqu'à ce qu'il
» en fût dépouillé à son tour par
» un autre, qui en jouïroit avec
» la même légitimité & la même
» incertitude.....Si une puissance
» irrésistible suffisoit à l'établisse-
» ment d'une Souveraineté légi-
» time, les sujets seroient obligés
» à se soumettre de bon gré à cha-
» que usurpateur, vainqueur de
» leur Souverain. Le serment de
» fidélité & l'hommage prêtés à
» ce-

» celui-ci ne seroient point obli-
» gatoires; les droits des Souve-
» rains seroient anéantis; l'obéis-
» sance des sujets & l'autorité des
» Souverains n'auroient jamais eu
» un état fixe; nulle consistence
» dans les Gouvernemens; nulle
» félicité parmi les citoyens, les
,, uns & les autres se trouveroient
,, également malheureux. Or la
,, raison, l'équité, & toute l'hu-
,, manité se soulèvent contre de
,, telles conséquences: Il faut donc
,, que le principe ou la source d'où
,, elles découlent si naturellement,
,, ne vaille pas grand' chose.

,, HOBBES ne s'égare pas moins
,, quand il s'agit de fixer la natu-
,, re de la souveraineté. Il pré-

L 5

» tend

„ tend que *le pouvoir souverain &*
„ *le pouvoir absolu* sont des ter-
„ mes synonimes, & que tout
„ Souverain est absolu, par ce-
„ la seul qu'il est Souverain. J'ap-
„ pelle pouvoir absolu, dit-il,
„ *le plus grand pouvoir que les*
„ *hommes puissent donner sur eux à*
„ *un autre homme.* Car quiconque a
„ *soumis sa volonté à la volonté de*
„ *l'Etat, ensorte qu'il lui a donné*
„ *le pouvoir de faire impunément*
„ *ce qu'il veut, celui-là, sans con-*
„ *tredit, lui a conféré la plus gran-*
„ *de autorité que l'on puisse accor-*
„ *der à quelqu'un.*

„ Sans doute : mais y a-t-il ja-
„ mais eu des êtres raisonnables
„ qui ayent accordé à quelqu'un

» le

» le pouvoir de faire tout ce qu'il
» voudra suivant sa fantaisie ou
» ses caprices? Et s'il y a eu des
» hommes capables d'un tel aveu-
» glement, ont-ils eux-mêmes le
» pouvoir de donner à quelqu'un
» un droit semblable sur eux? Je
» ne dis rien de ce que la politique
» enseigne au sujet de la souve-
» raineté & de la différence mar-
» quée qu'elle met entre le pou-
» voir souverain, absolu & limi-
» té. Elle appelle souveraineté *ab-*
» *solue* la souveraineté dans toute
» son étendue, telle qu'elle rési-
» doit originairement dans le Peu-
» ple, & *limitée* celle qui est bor-
» née ou modifiée par les loix
» fondamentales de l'Etat. Cette

L 6 » ob-

» obſervation ſuffit déja pour dé-
» truire les propoſitions d'Hob-
» BES, puiſqu'elle fait connoître
» que tout pouvoir ſouverain n'eſt
» point abſolu.

C'eſt ſous ce point de vûe qu'il
faut enviſager la ſouveraineté ;
alors on appercevra que les traits
hiſtoriques reſultans des conſtitutions particuliéres des différens
Gouvernemens ne peuvent avoir
aucune rélation directe à l'autorité Royale, en général, ni en
particulier, ſurtout lorſque la ci-
tation des faits a manifeſtement
un autre objet ; puiſque l'autorité Royale elle-même n'eſt pas partout purement Monarchique, &
qu'elle eſt différemment limitée

dans

dans les différens Gouvernemens ;
puisque le titre de Prince ou de
Roi n'est pas synonime avec celui
de Monarque. Un fait historique
rélatif, par exemple, au gouvernement de Pologne, où le Peuple
est plus asservi aux Grands qu'au
Roi, aura-t-il du rapport avec
la Monarchie Françoise ? Malheur à ceux qui voudroient insi-
nuer qu'un Auteur en citant ce
fait aura eu quelqu'intention in-
directe & mauvaise contre l'autorité souveraine à laquelle il est
soumis ! Cependant le Théologien de M. l'Archevêque de Paris, dans le Mandement sur le
livre *de l'Esprit*, saisit sans mé-
nagement une telle imputation

pour

pour attribuer ouvertement à l'Auteur des principes féditieux, & pour décrier la Philofophie du fiècle. *Elle accoutume, dit-il, ceux qui s'y livrent à difcuter les droits des Puiffances.* Mais quand deux Puiffances veulent dominer dans un Etat, ne faut-il pas que les fujets connoiffent le Souverain légitime auquel ils doivent obéir? Faut-il qu'ils fe laiffent féduire par l'artificieux fyftême du depoftifme Eccléfiaftique, que le Journalifte & le Théologien de M. l'Archevêque de Paris défendent vivement contre les principes du livre *de l'Efprit?* » Ce n'eft pas, dit-on dans le Mandement déja cité, » que les loix humaines,

» la

» la Politique, la Jurifprudence
» ne puiffent & ne doivent auffi
» concourir au Gouvernement des
» hommes; mais ces moyens doi-
» vent toujours être fubordonnés
» à la Religion : ces moyens font,
» fans la Religion, pleins d'arti-
» fices, d'inutilités, de dangers
» même à mille égards.

Ces droits, ce pouvoir, cette Jurifdiction Eccléfiaftique fur la légiflation, fur la fouveraineté, & fur la perfonne des Souverains, fur les propriétés & fur la vie des fujets, font établis déja par des Canons, par des Bulles, par des Décrets Apoftoliques de toute claffe. Cet amas de prétentions illégitimes eft compilé & com-

menté

menté par des Auteurs auxquels on peut appliquer ces paroles d'OMAR: *Puiſſans ſans ſujets; ſujets ſans Souverains.*

Voilà ces défenſeurs de l'autorité ſouveraine qui lancent des anathêmes contre les ſçavans qui examinent les droits des Puiſſances légitimes & illégitimes. C'eſt l'Evangile, nous dit-on, qui eſt le fonds de toute légiſlation. C'eſt lui qui accorde à ST. PIERRE les deux glaives pour le gouvernement temporel & ſpirituel des Nations. Mais comment juge-t-on de la ſainteté de la morale de l'Evangile? N'eſt-ce pas par ſa conformité avec la Loi univerſelle que Dieu a inſpirée à tous les hom-

hommes ? Il y a dans l'Evangile, des préceptes, des allégories,
des conseils. Les préceptes moraux indispensables y sont établis
sur la Loi universelle, & c'est par
cette loi qu'on les distingue des
conseils : les conseils ne sont
point des régles générales & indispensables : leur observation
est subordonnée à cette loi primitive & à la législation des Souverains, qui a pour objet le bon
ordre & l'avantage des sociétés.
Les expressions allégoriques qui
se prêtent à différentes interprétations, ne peuvent influer dans
la Législation qu'autant qu'elles
sont elles - mêmes assujetties aux
principes évidens du droit naturel.   Ce

Ce sont ces principes qui sont les premiers fondemens de toute Législation coactive, établie par l'autorité temporelle. Vouloir interdire aux sujets la connoissance des droits des Puissances, n'est-ce pas les forcer à ignorer leurs devoirs, à méconnoître la puissance légitime & absoluë à laquelle ils doivent obéir, & les livrer aux horreurs du fanatisme & de la superstition?

L'expérience oblige à prévenir les excès abominables qui arrivent par la séduction & l'ignorance des Peuples qui méconnoissent leur véritable Souverain & leurs devoirs les plus inviolables. A Dieu ne plaise que nous imputions

tions au Clergé de France, si respectable par la pureté & la dignité
de sa doctrine, des vües d'usurpa-
tion sur l'autorité absoluë du Souverain, & sur les droits de la
Nation! Mais celles du Journaliste
& du Théologien de M. l'Archevêque de Paris sont trop clairement exposées pour qu'on puisse
leur attribuer des intentions aussi
pures. On voit assez qu'ils ne
saisissent l'occasion du livre *de
l'Esprit*, où l'on n'a pas discuté
ces matiéres, que pour répan-
dre leurs pernicieuses maximes.
Ils voudroient, au grand scanda-
le de la Religion, persuader que
tous les Philosophes & les sçavans de nos jours, ne sont que

des

des Athées, des Matérialistes, des Fatalistes, des hommes pervers : Ils le voudroient afin d'établir leur despotisme sur l'ignorance.

Le Journaliste voudroit encore réduire la Jurisprudence à une idée abstraite dont l'interprétation ouvriroit la porte à la séduction ; mais en vain travaille-t-il à décrier cette science primitive qui doit éclairer la conscience & régler la conduite de tous les hommes. On prévoit que ses efforts seront inutiles. Les Docteurs en droit naturel, protégés & soutenus par presque tous les Souverains de l'Europe, régleront mieux nos mœurs que les
le-

leçons dangereuses de ce Journaliste. Leur morale est sévère & inflexible ; mais elle est assujettie à une évidence à laquelle les hommes raisonnables ne peuvent se refuser.

Sans prêter à *l'Auteur de l'Esprit* des intentions odieuses & forcées, sans exhaler des maximes qui tendent à anéantir le droit naturel, le Journaliste pouvoit aisément se maintenir dans sa fonction d'Aristarque Chrêtien : Il pouvoit exercer plus directement & plus sçavamment sa critique sur quelques points de Législation que l'Auteur envisage avec complaisance : il pouvoit lui reprocher d'avoir fait abstraction

trop

trop entiére des loix religieuses qui chez les différentes Nations bornent le domaine de la Législation civile.

Je n'approuverai pas sans doute les spéculations de *l'Auteur de l'Esprit* sur une loi qui ordonnoit la communauté des femmes, & l'éducation des enfans faite en commun par la République. Ces idées Platoniciennes ont fort exercé l'esprit des Philosophes moralistes. Elles ont même été adoptées en partie par quelques Législateurs, surtout quant à la polygamie & au divorce. La plûpart des auteurs sont même fort indécis sur les avantages & les inconvéniens de ces usages. Ces

pro-

problêmes de légiſlation auroient
pû fournir un vaſte champ à la
critique du Journaliſte, & même ſervir ſon averſion pour la
Philoſophie. Il auroit pû remarquer que les Philoſophes, avec
les meilleurs principes de Légiſlation pour le bien général, n'é-
tabliroient pas toujours les meil-
leures loix, parce que l'inſtitution des loix publiques exige des
connoiſſances de détail qui s'ac-
quiérent plus exactement par les
Juriſconſultes que par les Philoſophes ſpéculatifs. Ces ſpécula-
tions vagues des Philoſophes ſur
les loix & les mœurs des différentes Nations, ne peuvent s'appliquer à aucune Nation en par-
ticu-

ticulier: mais elles n'en servent pas moins à étendre les vûes du Légiſlateur borné à la conſtitution d'un Gouvernement. Preſque partout le ſyſtême de Légiſlation s'eſt formé ſucceſſivement par des circonſtances qui changent. Ces variations introduiſent pendant un tems des loix qui par de nouveaux changemens de circonſtances ne peuvent plus ſubſiſter qu'au préjudice de la Nation. La ſcience de la Légiſlation s'étend donc plus loin que le ſyſtême des loix & de la conſtitution phyſique & morale d'un pays. L'une & l'autre doivent guider le Légiſlateur. Mais le Philoſophe fait abſtraction de l'une,

l'une, pour se livrer indétermi-
nément à l'autre. C'est pourquoi
le Philosophe & le Législateur,
quoiqu'occupés du même objet,
ne se réunissent point au même
but : ainsi le Philosophe moralis-
te, lors même qu'il traite des
principes de la Légiflation, ne
doit point être confondu avec
le Législateur, & le Légiflateur
dans l'institution des loix ne doit
pas être confondu avec le Philosophe fixé à l'étude des moralités rélatives à la Légiflation.
Mais l'un & l'autre fondent l'institution des loix publiques sur la
nature humaine & sur la loi des
loix ; sur les ressorts physiques des
actions des hommes, & sur la

M   justi-

justice coëssentielle au bien général de la société. Le Législateur doit se conformer dans ce
qu'il prescrit aux notions essentielles du juste & de l'injuste. Le
Philosophe doit s'attacher à découvrir les causes extérieures qui
déterminent l'homme physique
à agir, pour indiquer les effets
moraux auxquels le Législateur
peut se promettre avec raison
d'arriver. Au reste l'observation
des loix publiques à laquelle tendent toutes ces spéculations, dis-
pose les hommes à l'observation
des devoirs particuliers que leur
inspire la Loi naturelle, & que
la Religion leur prescrit. *L'Auteur de l'Esprit* a suivi dans son

ou-

ouvrage le plan que doit fe propofer un Philofophe qui a en vûe
la Légiflation, & il l'a rempli,
fauf les écarts dont nous avons
parlé. A la fin de fon livre il réu-
nit les deux tableaux de l'homme
phyfique & de l'homme moral,
dans un Dialogue entre un père
corrompu par l'ambition & l'a-
vidité des richeffes, & fon fils
encore affujetti aux fentimens de
la Loi naturelle & divine. p. 640.
L'Auteur fait remarquer avec raifon que dans l'éducation les Parens donnent à leurs enfans des
notions vagues de morale & de
vertu qu'ils détruifent par d'autres
leçons fur les moyens de parvenir
aux honneurs & à la fortune.

M 2 » Voi-

»Voilà, dit-il, la source de la con-
» tradiction qui se trouve entre
» les préceptes moraux, que, mê-
» me dans les païs soumis au des-
» potisme, l'on est forcé, par l'u-
» sage, de donner à ses enfans ;
» & la conduite qu'on leur pres-
» crit. Un père leur dit, en géné-
» ral & en maxime; *Soyez ver-*
» *tueux.* Mais il leur dit en détail
» & sans le sçavoir : *N'ajoutez nul-*
» *le foi à ces maximes, soyez un co-*
» *quin timide & prudent ; & n'a-*
» *yez d'honnêteté*, comme le dit
» Moliere, *que ce qu'il en faut*
» *pour n'être pas pendu.* Or, dans
» un pareil Gouvernement, com-
» ment perfectionneroit - on cette
» partie de l'éducation qui consis-
» te

» te à rendre les hommes plus
» fortement vertueux ? Il n'est
» point de père, qui, sans tomber
» en contradiction avec lui-mê-
» me, pût répondre aux argu-
» mens preſſans qu'un fils ver-
» tueux pourroit lui faire à ce
» ſujet.

» Pour éclaircir cette vérité par
» un exemple, je ſuppoſe que,
» ſous le titre de Bacha, un père
» deſtine ſon fils au gouverne-
» ment d'une Province ; que, prêt
» à prendre poſſeſſion de cette
» place, ſon fils lui diſe : Mon
» père, les principes de vertu ac-
» quis dans mon enfance ont ger-
» mé dans mon ame. Je pars pour
» gouverner des hommes ; c'eſt

M 3

» de

» de leur bonheur que je ferai
» mon unique occupation. Je ne
» prêterai point au riche une oreil-
» le plus favorable qu'au pauvre :
» sourd aux menaces du puissant
» oppresseur, j'écouterai toujours
» la plainte du foible opprimé ;
» & la justice présidera toujours
» à tous mes jugemens. O mon
» fils ! que l'enthousiasme de la ver-
» tu sied bien à la jeunesse ! Mais
» l'âge & la prudence vous ap-
» prendront à le modérer. Il faut,
» sans doute, être juste : Cepen-
» dant à quelles ridicules deman-
» des n'allez - vous pas être expo-
» sé ! A combien de petites injus-
» tices ne faudra - t - il pas vous
» prêter ! Si vous êtes quelque-
» fois

» fois forcé de refuser les Grands,
» que de graces, mon fils, doi-
» vent accompagner vos refus !
» Quelqu'élevé que vous soyez,
» un mot du Sultan vous fait
» rentrer dans le néant, & vous
» confond dans la foule des plus
» vils esclaves : la haine d'un Eu-
» nuque ou d'un Icoglan peut vous
» perdre ; songez à les ménager…
» Moi ! Je ménagerois l'injustice ?
» Non, mon père… O, mon fils !
» un fol enthousiasme de vertu
» vous égare : vous vous perdriez,
» & les peuples n'en seroient pas
» plus soulagés. Le Divan nom-
» meroit à votre place un hom-
» me, qui, moins humain, l'exer-
» ceroit avec plus de dureté……

M 4 » Oui

» Oui sans doute, l'injustice se
» commettroit ; mais je n'en se-
» rois pas l'instrument. L'homme
» vertueux chargé d'une adminis-
» tration, ou fait le bien, ou se re-
» tire ; l'homme plus vertueux
» encore & plus sensible aux mi-
» sères de ses concitoyens, s'arra-
» che du sein des villes : c'est
» dans les déserts, les forêts, &
» jusques chez les Sauvages, qu'il
» fuit l'aspect odieux de la tyran-
» nie, & le spectacle trop affligeant
» du malheur de ses égaux. Telle
» est la conduite de la vertu. Je
» n'aurois point, dites-vous, d'imi-
» tateurs ; Je l'ignore ; l'ambition
» en secret vous en assure, & ma
» vertu m'en fait douter… Mais
» souf-

» ſouffrez que je vous interroge
» à votre tour. Si je m'aſſociois aux
» Arabes qui pillent nos caravanes,
» ne pourrois - je pas me dire à
» moi - même, ſoit que je vive
» avec ces brigands, ou que je
» m'en ſépare, les caravanes n'en
» ſeront pas moins attaquées :
» vivant avec l'Arabe, j'adoucirai
» ſes mœurs ; je m'oppoſerai du
» moins aux cruautés inutiles qu'il
» exerce ſur le voyageur ; je fe-
» rai mon bien, ſans ajouter au
» malheur public. Ce raiſonne-
» ment eſt le vôtre : &, ſi ma
» Nation ni vous-même ne pouvez
» l'approuver, pourquoi donc me
» permettre, ſous le nom de Ba-
» cha, ce que vous me défendez
» ſous

» fous celui d'Arabe ? O mon
» père ! mes yeux s'ouvrent enfin:
» Je le vois bien, la vertu n'ha-
» bite point les Etats defpotiques,
» & l'ambition étouffe en vous le
» cri de l'équité. Je ne puis mar-
» cher aux grandeurs qu'en fou-
» lant aux pieds la juftice. Ma
» vertu trahit vos efpérances ; ma
» vertu vous devient odieufe, &
» votre efpoir trompé lui donne le
» nom de folie. Cependant, c'eft
» encore à vous que je m'en rap-
» porte ; fondez l'abime de votre
» ame, & répondez moi. Si j'im-
» molois la juftice à mes gouts, à
» mes plaifirs, aux caprices d'une
» Odalifque, avec quelle force me
» rappelleriez-vous alors ces maxi-
» mes

» mes auſtères de vertu appriſes
» daus mon enfance? pourquoi vo-
» tre zèle ardent s'attiédit - il lorſ-
» qu'il s'agit de ſacrifier cette même
» vertu aux ordres d'un Sultan, ou
» d'un Viſir? J'oſerai vous l'ap-
» prendre: c'eſt que l'éclat de ma
» grandeur, prix indigne d'une
» lâche obeïſſance, doit rejaillir ſur
» vous: Alors vous méconnoiſſez
» le crime; &, ſi vous le reconnoiſ-
» ſiez, j'en atteſte votre vérité,
» vous m'en feriez un devoir.

    » On ſent que, preſſé par de
» tels raiſonnemens, il ſeroit très
» difficile qu'un père n'apperçût
» pas enfin une contradiction
» manifeſte entre les principes
» d'une ſaine morale, & la con-
                » duite

» duite qu'il prescrit à son fils.
» Il seroit forcé de convenir qu'en
» désirant l'élévation de ce mê-
» me fils, il a, d'une maniére
» implicite, desiré que tout en-
» tier aux soins de sa grandeur,
» ce fils y sacrifiât jusqu'à la jus-
» tice.

F I N.